小麦粉なしでつくる たっぷりクリームの
# 魅惑のおやつ

森崎繭香

## はじめに……

子どものころから、甘いものが大好きでした。
ふわふわのスポンジケーキ、サクサクのクッキー、
とろ〜りカスタード入りのシュークリーム……。
もちろん、おとなになった今でもそれは変わらず、
コーヒーや紅茶とともにいただくおやつの時間は、
いつだってわたしのとっておきの"癒し"です。

そんなわたしがある日、
「小麦アレルギー」になりました。
幸い、軽度のため、日常生活に支障はありませんが、
小麦粉入りの食べものを制限しなくてはならない日が来るなんて
まったく予想もしていなかったことでした。

実はわたし、小麦粉だけでなく、
豆乳にもアレルギーがあります。でも、卵と乳製品は大丈夫。
アレルギーって、その原因がひとつだったり、ふたつだったり、
人によって本当にそれぞれなんですよね。

この本は、手に取ってくださったみなさんが
なるべく体質や体調に合わせたおやつ作りができるように
土台やクリームなどの組み合わせを選んでいただける仕組みにしています。
そして、何よりも大切にしたのは、それが「おいしい」ということ。

アレルギーのある方も、ない方も、
からだにやさしい、おいしいおやつが気軽に食べられるように
これからも試行錯誤して
『小麦粉なしのおやつ』を生み出していこうと思います。

森崎繭香

GLUTEN FREE
SWEETS

3 STEP 1 BOWL

# CONTENTS

| 2 | はじめに…… |
| 6 | この本のおやつは<br>3つのパーツからできています！ |
| 16 | 魅惑の素材 |
| 19 | 魅惑の道具 |
| 20 | 作りはじめる前に |

## PART 1
5つの基本の生地と
たっぷりクリームで作る
**魅惑のおやつ**

**基本の生地［1］**

| 22 | **BASE**<br>もっちりスポンジケーキ |
| 24 | いちごのショートケーキ |
| 26 | 豆腐ティラミス |
| 28 | オープンケーキ |
| 30 | ブルーベリーのカップケーキ |

**基本の生地［2］**

| 32 | **BASE**<br>ふんわりスポンジケーキ |
| 34 | たっぷりクリームのロールケーキ |
| 36 | コーヒーシフォン |
| 38 | マンゴーココナッツショートケーキ |
| 40 | 抹茶のカップケーキ<br>ラズベリーのカップケーキ |

**基本の生地［3］**

| 42 | **BASE**<br>シュー＆パリブレスト |
| 44 | シュークリーム |
| 46 | フルーツパリブレスト |

**基本の生地［4］**

| 48 | **BASE**<br>タルト＆タルトレット |
| 50 | ラズベリータルト |
| 52 | フルーツタルトレット |

**基本の生地［5］**

| 54 | **BASE**<br>パブロバ |
| 56 | パブロバ ミックスベリージャム |
| 58 | チョコパブロバ いちじくチョコソース |

## クリームの作り方

60 豆乳クリーム
61 チョコ豆乳クリーム
ラズベリー豆乳クリーム
抹茶豆乳クリーム

62 米粉カスタードクリーム
63 米粉カスタード豆乳クリーム

64 ラズベリー豆腐クリーム
65 豆腐クリーム（プレーン）
チョコ豆腐クリーム
抹茶豆腐クリーム
コーヒー豆腐クリーム
黒ごま豆腐クリーム

66 卵なしアーモンドクリーム
卵ありアーモンドクリーム

67 豆腐アーモンドクリーム

68 ココナッツフルーツクリーム
ココナッツオイルクリーム

69 ココナッツドライフルーツクリーム

70 さつまいもクリーム
紫いもクリーム

71 メープルパンプキンクリーム

72 ハニーヨーグルトクリーム
チーズクリーム

73 チーズ風豆乳クリーム
ソース＆ジャム
・キャラメルソース
・ブルーベリージャム
・ミックスベリージャム

74 生地とクリームを
もっとおいしく楽しむコツ

# PART 2
## 焼きっぱなしで
# 魅惑のおやつ

76 キャロットケーキ
78 バナナケーキ
80 やまいもと豆腐のガトーショコラ
82 リングドーナツ
83 さつまいもドーナツ
86 パインカルダモンマフィン
87 アップルクランベリーマフィン
ブルーベリーメープルマフィン
88 レモンマフィン
89 抹茶黒豆マフィン
チョコチップマフィン
90 いちじくとくるみのフルーツバー
ストロベリーとピスタチオの
フルーツバー
92 スコーン
94 シナモンシュガークレープ
95 アップルクランブル
98 豆腐チーズケーキ
100 テリーヌショコラ
102 オレンジビスコッティ
104 ココナッツグラノーラ
106 小麦粉も卵も使わない
7つのクッキー
・メープルクッキー
・みそクッキー
・ココアアーモンドクッキー
・黒糖ジンジャークッキー
・ハーブクッキー
・黒ごまクッキー
・きなこスノーボールクッキー

110 INDEX

この本のおやつは

## 3つのパーツ からできています!

| | | |
|---|---|---|
| **TOPPING**<br>トッピング | <br>いちご | おやつの顔になるのがトッピングです。とにかく、自分好みのものをのせればOK。特にフルーツ類は、季節によっては手に入りにくいものもあるので、旬のもの、好きなものを自由に使ってアレンジを楽しんでくださいね。 |
| **+** | | |
| **CREAM**<br>クリーム | <br>豆乳クリーム | この本のレシピの最大の魅惑のポイントは「たっぷりクリーム」。なめらかで濃厚なクリームをプラスすることで、リッチで満足度の高いおやつのでき上がり! クリーム(P60-73)のほか、ソースやジャム(P73)のレシピも紹介しています。 |
| **+** | | |
| **BASE**<br>生地 | <br>スポンジケーキ(丸型) | スポンジケーキは、卵なしで作る「もっちりタイプ」と卵ありで作る「ふんわりタイプ」の2種類。丸型以外の型を使い、形のバリエーションを楽しむこともできます。他にも、シュー、タルト、パブロバ、PART2で紹介する焼きっぱなしのおやつなどがあります。 |

=

でき上がり!

いちごの
ショートケーキ

この本のおやつは、
ベースになる生地、 好きな味のクリーム、 トッピング、の3つのパーツを組み合わせて作ります。
生地もクリームもそれぞれ3ステップ＋1ボウルで作ることができます。
体質や体調にぴったり合う、お気に入りのおやつをどうぞ見つけてくださいね。

|  |  |  |  |  |
|---|---|---|---|---|
| アメリカンチェリー | ブルーベリー | カラフルアラザン | コーヒー豆<br>（挽いたもの） | ラズベリーパウダー |

and more...

|  |  |  |  |  |
|---|---|---|---|---|
| 米粉カスタード<br>クリーム | ラズベリー豆腐<br>クリーム | ココナッツフルーツ<br>クリーム | メープルパンプキン<br>クリーム | 抹茶豆乳<br>クリーム |

and more...

|  |  |  |  |  |  |
|---|---|---|---|---|---|
| スポンジケーキ<br>（角型） | シフォンケーキ | カップケーキ | シュー | タルト | パブロバ |

and more...

すべてのおやつに

（卵なし）（乳なし）（卵あり）（乳あり）を表記しています。

土台になる 生地 に味の決め手になる クリーム をトッピング。
自由に組み合わせることで、自分だけのおやつが作れます。

いちご
＋
豆乳クリーム
＋
もっちり
スポンジケーキ
（丸型）

いちごの
ショートケーキ

STRAWBERRY SPONGE CAKE

→ P24

# シュークリーム

米粉カスタード
クリーム

**+**

シュー

CREAM PUFF

→ P44

コーヒー豆
（挽いたもの）

＋

豆腐クリーム

＋

ふんわり
スポンジケーキ
（シフォン型）

COFFEE CHIFFON

# コーヒーシフォン

→ P36

たっぷりクリームの
ロールケーキ

アメリカン
チェリー

＋

豆乳クリーム

米粉カスタード
クリーム

＋

ふんわり
スポンジケーキ
（角型）

EXTRA CREAM ROLL CAKE

→ P34

ミックスベリー
ジャム

＋

ハニーヨーグルト
クリーム

＋

パブロバ

## パブロバ ミックスベリージャム

PAVLOVA WITH MIXED BERRY JAM

→ P56

フルーツ
タルトレット

キウイフルーツ

＋

豆乳クリーム

豆腐アーモンド
クリーム

＋

型なし
タルトレット

FRUIT TARTLET

→ P52

ラズベリーの
カップケーキ

→ P40

ラズベリー
パウダー
＋
ラズベリー
豆乳クリーム
＋
ふんわり
スポンジケーキ
（マフィン型）

抹茶パウダー
＋
抹茶豆乳クリーム
＋
ふんわり
スポンジケーキ
（マフィン型）

RASPBERRY & MATCHA CUPCAKE

抹茶の
カップケーキ

→ P30

ブルーベリーの
カップケーキ

BLUEBERRY CUPCAKE

ブルーベリー

＋

豆腐クリーム

＋

もっちり
スポンジケーキ
（マフィン型）

小麦粉なしのおやつ作りは、とっておきの素材を選ぶことから始まります。といっても、特別な素材が必要なわけではありません。身近にあって手に入りやすい"魅惑の素材"を選ぶポイントを紹介します。

## 魅惑の素材

### 米粉

パブロバ以外、本書のすべての生地に使います。小麦粉を使わないおやつは、米粉がベースになります。必ず「米粉100%」「製菓用」と明記された、余計なものが入っていない米粉を選びましょう。粒子はより細かいものの方がふんわり、さっくりと食感がおいしく仕上がります。国産のものをオススメします。

### 無調整豆乳

本書では、生地作りでも、クリーム作りでも活躍する植物性乳。必ず「無調整」と明記されたものを選んでください。豆乳（大豆レシチン）と米油（左記）がしっかりと乳化することで、口当たりのよいおいしいおやつを作ることができます。

### 米油

米油は、無調整豆乳（右記）と反応し、生地にとろみをつけます（＝乳化）。本書では、スーパーなどで比較的手に入りやすく、手頃な価格で入手できる米油をオススメしています。米油でなくても、味や香りなどにクセがない植物油（菜種油、太白ごま油など）であれば、OKです。

### てんさい糖

本書では白砂糖を使用せず、すべてのおやつにてんさい糖を加えています。てんさい（砂糖大根）の根から作られた砂糖は、やや茶色がかった色をしていますが、コクや旨味が強い魅惑の素材のひとつ。きび砂糖やブラウンシュガーもオススメです。粒子の細かい粉末状のものを選ぶと、溶けやすく、使い勝手がよいでしょう。

### はちみつ

天然のやさしい甘味が特徴。粘度があり、保湿効果も高いので、生地をしっとりとした食感に仕上げてくれます。味や色は、種類によってさまざまなので、好みのものを見つけてください。

### メープルシロップ

カエデの樹液から作られます。とてもコクがあり、独特なフレーバーですが、いつものおやつをひと味変えてくれる甘味料です。

### ベーキングパウダー

ふくらし粉とも呼ばれます。あらかじめ、少量の小麦粉やコーンスターチが含まれている商品もあるので、表示をよく見て含まれていないものを選びましょう。アルミニウムフリータイプが◎。

### コーンスターチ

卵を使わないもっちりスポンジケーキをふんわり、タルトをサクッと、おやつにおいしい食感をプラスしてくれます。国産のものをオススメします。

### アーモンドパウダー

アーモンドを粉末状にしたもので、アーモンドプードルとも呼ばれます。本書では、しっとりとリッチなタイプの生地と一部のクリーム（焼いて食べるタイプ）に使用しています。味に奥行きが生まれ、深い味わいを出してくれます。

### 絹ごし豆腐

ぽってりとした口当たりが魅力の豆腐入りのクリーム（P64、65）のほか、タルトにのせて焼く豆腐アーモンドクリーム（P67）、やまいもと豆腐のガトーショコラ（P80）などのベースになる生地に加えてしっとりとした食感に仕上げることもできます。

### 生レモン

さらりとした無調整豆乳に濃度をつける働きをします。豆乳クリーム（P60）のほか、乳製品が食べられないけれど、チーズ風味のおやつを楽しみたい方にオススメのチーズ風豆乳クリーム（P73）も、生レモンの酸の力で作ります。

### ココナッツオイル

油の中でも酸化しにくいため、体にもよいことで人気です。クリームを作る場合は、香りが強すぎると気になるので、無臭のものを選びましょう。固まっていたら湯せんで液体に溶かしておきます。

### ココナッツクリーム

本書では、ココナッツドライフルーツクリーム（P69）に使用しています。無調整豆乳とはまた違うコクと旨味で、味にバリエーションが出せます。ココナッツミルクよりも濃厚な風味があります。

## 魅惑の道具

魅惑のおやつを作る時に、これだけはそろえておきたいキッチン道具を厳選して紹介します。

### 耐熱ボウル
本書は、ボウルひとつで作れるレシピのみを掲載しています。ガラス製の耐熱ボウルは、そのまま電子レンジにかけられるのでとても便利。大きめのサイズを選ぶとよいでしょう。

### 泡立て器＆ゴムベラ
生地を泡立てたり、混ぜたりするには、この2本セットが必要です。自分の手になじむサイズを見つけてください。

### 小鍋
本書は、火を使うレシピがそれほど多くないのですが、シュー生地やカスタードクリームを作る時に小鍋がひとつあると便利です。固まったココナッツオイルを、瓶ごと湯せんにかける時にも使えます。

### ふるい
米粉は粒子が細かいので、事前にふるっておく必要はありません。アーモンドパウダーなどを加える時に使用するので、目は細かすぎなくてOK。ザルなどと兼用でもかまいません。

### バットまたは保存容器
カスタードクリームを急冷する時や、おやつやクリームを保存する時に便利です。

### ハンドミキサー
主に卵を泡立てる時に使います。泡立て器で作れないことはありませんが、きめ細かい生地に仕上げるのがとても大変です。1台あると、おやつ作りが手軽に楽しめます。

### ブレンダー
乳化が必要なクリーム作りに使用。なめらかなクリームに仕上げるには必須です。ミキサーでも代用できますが、ブレンダーは少量でも混ぜやすいのでオススメです。

# 作りはじめる前に

## ☑ 計量はていねいにしっかり

おやつは計量がすべてです。少し違うだけで、でき上がりに大きな差が出るので、できるだけ慎重に！ 計量だけしっかりできたら、そのほかは"良い加減"で大丈夫です。

## ☑ 卵の温度に気をつけましょう

卵を使う時は、基本的によく冷やしておくと失敗しにくくなります。ただし、シュー＆パリブレスト（P42）は例外。常温に戻しておくことで、卵がしっかりと生地になじんで、きれいにふくらみます。

## ☑ ぐるぐるとよく混ぜましょう

グルテンフリーのおやつは、失敗しにくいこともうれしい特徴。なぜなら、小麦粉を加えていないため、"グルテン"が形成されないので、混ぜ方による仕上がりの差が出にくいのです。ツヤが出るまでしっかりと混ぜることを意識して。

## ☑ ベーキングパウダーは最後に加えましょう

ベーキングパウダーは必ず最後に加え、混ぜたらすぐにオーブンへ入れるのがコツ。ベーキングパウダーを加えるとすぐに化学反応がはじまります。ぶくぶくと生地がふくらんでしまうと、焼き上がった時のふくらみが悪くなってしまいます。事前にオーブンを予熱しておき、すぐに焼ける状態にしておいて。

## ☑ 仕上げは自由！好きな味のおやつを作りましょう

本書は「たっぷりクリーム」のおやつを紹介していますが、あえて動物性のクリーム（生クリーム）を使っていません。ですが、生クリームや市販のジャムやソースなどと相性抜群のおやつもいっぱい！ 体質や体調に合わせ、取捨選択をしていただけるとうれしいです。

---

## [ 本書の決まりごと ]

- 小さじ1＝5㎖、大さじ1＝15㎖としています。
- 卵はLサイズ（約65g）のものを使用しています。
- オーブンの温度と焼き時間は目安です。メーカーや機種によって異なる場合があるため、焼き時間に幅をもたせているレシピもあります。オーブンの設定時間は短い方に合わせ、様子を見ながら調整することをオススメします。
- 電子レンジは600Wのものを使用しています。500Wの場合は、加熱時間を1.2倍にしてください。
- ココアパウダー、製菓用チョコレート（スイート）、チョコチップなどの製菓材料は、乳製品が含まれているタイプがあるので、表示をよく見てから選びましょう。
- 型紙は市販のもの、またはオーブンシートなどを型の大きさに合わせて切って使います。

| 卵なし | 乳なし |
|---|---|
| 卵あり | 乳あり |

各ページ、おやつごとに「卵あり」「卵なし」＆「乳あり」「乳なし」を記しています。

◯ ほかに合う CREAM

レシピで組み合わせたクリーム以外にも、体質や体調に合わせてクリームを変更することができます。

| 絞る | ◯ |
|---|---|
| のせる | ◯ |
| 塗る | ◯ |

クリームのかたさを記しています。おやつをご自身でアレンジする時の参考にしてください。

5 BASE & EXTRA CREAM

3 STEP　　1 BOWL

# PART 1

5つの基本の生地と
たっぷりクリームで作る
## 魅惑のおやつ

SPONGE CAKE　CREAM PUFF
PARIS BREST
TART　PAVLOVA...

> 5つの基本の生地（もっちりスポンジケーキ、ふんわりスポ
> ンジケーキ、シュー＆パリブレスト、タルト＆タルトレット、
> パブロバ）と24種類のクリーム、3種類のソース＆ジャムを
> 組み合わせ、オリジナルのおやつを作ってみてくださいね！

基本の生地 [1]

### BASE
# もっちりスポンジケーキ

卵なしだけど、豆乳と油をしっかり乳化させることで重たい食感になりません。アーモンドパウダーでリッチな味わいに！

**直径15cmの丸型**

**24cm×24cmの角型**

**直径7cmのマフィン型**

■ 材料
（直径15cmの丸型1台分／24cm×24cmの角型1台分）

**A** 無調整豆乳 … 160g
　てんさい糖 … 40g
　はちみつ … 30g
　バニラオイル … あれば少々
米油 … 70g
**B** 米粉 … 120g
　アーモンドパウダー … 30g
　コーンスターチ … 30g
ベーキングパウダー … 大さじ1（12g）

----

■ 材料（直径7cmのマフィン型6個分）

**A** 無調整豆乳 … 130g
　てんさい糖 … 30g
　はちみつ … 20g
　バニラオイル … あれば少々
米油 … 60g
**B** 米粉 … 90g
　アーモンドパウダー … 20g
　コーンスターチ … 20g
ベーキングパウダー … 小さじ2（9g）

----

■ 準備

○ **A**は大きいボウルに入れて冷蔵庫で30分ほど冷やしておく。
○ 型に型紙（マフィン型にはグラシンカップ）を敷く。
○ オーブンは180℃に予熱する。

卵なし | 乳なし

## STEP 1

**A**を冷蔵庫から出し、泡立て器でよく混ぜる。米油を少しずつ加えながら混ぜ、しっかりと乳化させる。

## STEP 2

**B**を合わせてふるい入れ、なめらかになるまで泡立て器で混ぜる。

## STEP 3

ベーキングパウダーをふるい入れ、泡立て器で手早く混ぜたら、でき上がり。

### 焼く

生地の材料をすべて混ぜ合わせたら（ベーキングパウダーを加えたら）、すぐに焼くのがポイント！

**直径15cmの丸型**
型紙を敷いた型にゴムベラで流し入れ、180℃で20分、160℃に下げてさらに10分焼く。

**24cm×24cmの角型**
型紙を敷いた型にゴムベラで流し入れて平らにならし、180℃で10分、160℃に下げてさらに20分焼く。

**直径7cmのマフィン型**
グラシンカップを敷いた型にスプーンで流し入れ、180℃で10分、160℃に下げてさらに15分焼く。

> **MEMO／焼き上がりから保存まで**
> 竹串を刺してみてどろっとした生地がついてこなければ焼き上がり。オーブンから出したら焼き縮みを防ぐため、すぐに20cmほどの高さから一度落とし、型のまま冷ます。粗熱が取れてから型からはずす。乾燥しないようにラップで包んで保存する（保存期間：冷蔵3日／冷凍2週間）。

■ 材料 (1台分)

もっちりスポンジケーキ(P22)
　　…直径15cmの丸型1台
豆乳クリーム(P60) … 200〜300g
いちご … 20〜25個 (1パック)

■ 準備

○ いちごは飾り用の12個は取り置き、残りはサンド用にヘタを落として薄切りにする。
○ スポンジケーキは3枚にスライスする。

CREAM

豆乳クリーム
➡ P60

BASE

もっちりスポンジケーキ

卵なし｜乳なし

STRAWBERRY SPONGE CAKE
# いちごのショートケーキ

卵も生クリームも使わずに作る、王道ショートケーキ！
クリームを塗るテクニックがいらないので、ケーキ作りに自信がない人にもオススメ。

### STEP 1

もっちりスポンジ1枚に豆乳クリームの1/3量をのせ、スプーンの背でざっとならしてサンド用のいちごの1/2量を並べる。

### STEP 2

1の上にもっちりスポンジ1枚をのせ、軽く押さえる。STEP1と同じ要領で豆乳クリームの1/3量をならし、残りのサンド用のいちごを並べ、もっちりスポンジを1枚のせて軽く押さえる。

### STEP 3

残りの豆乳クリームをのせてスプーンの背でならし、飾り用のいちごをのせる。

☁ ほかに合うCREAM

・米粉カスタード豆乳クリーム（P63）
・豆腐クリーム（プレーン、P65）
・ハニーヨーグルトクリーム（P72）

■ 材料 （21cm×16cm×3cmのバット1個分）

もっちりスポンジケーキ（P22）…24cm×24cmの角型1台
豆腐クリーム（プレーン、P65）… 300g
コーヒーシロップ
　┌ **A** インスタントコーヒー … 大さじ1/2 (3g)
　│　てんさい糖 … 大さじ1/2 (4.5g)
　└　湯 … 大さじ1 (15g)
　コーヒーリキュール … 大さじ1/2 (7.5g)
ココアパウダー … 適量

■ 準備

○ **A**はよく混ぜて溶かし、粗熱が取れたらコーヒーリキュールを加えてコーヒーシロップを作る。

※ココアパウダーは、砂糖や乳製品などが含まれていないココア100%のものを使用しています。

CREAM

豆腐クリーム
（プレーン）
➡ P65

TOFU TIRAMISU

# 豆腐ティラミス

でき立てをすぐに食べてもよいですが、少しだけ時間をおくと、
シロップとクリームがなじみ、もっちり食感のスポンジケーキがしっとりに！

卵なし　乳なし

BASE
もっちりスポンジケーキ

STEP
1

STEP
2

STEP
3

バットの大きさに合わせ、もっちりスポンジを切って敷きつめる。コーヒーシロップをハケで塗る。

豆腐クリームをのせてならす（ここで1時間〜ひと晩おくとよい）。

食べる直前にココアパウダーをふる。

☁ ほかに合うCREAM

・豆乳クリーム（P60）
・チーズクリーム（P72）
・チーズ風豆乳クリーム（P73）

■ 材料 （1台分）

もっちりスポンジケーキ (P22)
　… 24cm×24cmの角型1台
チーズ風豆乳クリーム (P73) … 約50g
チョコ豆乳クリーム (P61) … 約50g
メープルパンプキンクリーム (P71) … 約50g

紫いもクリーム (P70) … 約50g
黒ごま豆腐クリーム (P65) … 約50g
ラズベリー豆腐クリーム (P64) … 約50g
カラフルアラザン、パンプキンシード … 各適量

卵なし | 乳なし

**BASE**
もっちりスポンジケーキ

OPEN CAKE
# オープンケーキ

スポンジケーキにクリームをのせるだけで、おしゃれなデザートに！
クリームは2種類以上を組み合わせると、色とりどりに仕上がります。

### STEP 1

もっちりスポンジにそれぞれのクリームをのせ、スプーンの背でならす。

### STEP 2

チーズ風豆乳クリームにアラザンをふり、メープルパンプキンクリームにパンプキンシードをちらす。

### STEP 3

食べやすく切る。

―― CREAM ――

チーズ風豆乳
クリーム ➡ P73

チョコ豆乳
クリーム ➡ P61

メープルパンプキン
クリーム ➡ P71

紫いもクリーム
➡ P70

黒ごま豆腐
クリーム ➡ P65

ラズベリー豆腐
クリーム ➡ P64

☁ ほかに合う **CREAM**

・抹茶豆乳クリーム（P61）
・コーヒー豆腐クリーム（P65）
・ココナッツドライフルーツクリーム（P69）
・ハニーヨーグルトクリーム（P72）

■ 材料 （6個分）

もっちりスポンジケーキ(P22) … 直径7cmのマフィン型6個
豆腐クリーム（プレーン、P65）… 150〜250g
ブルーベリー … 24〜36個

CREAM

豆腐クリーム
（プレーン）
➡ P65

BLUEBERRY CUPCAKE

# ブルーベリーのカップケーキ

カップケーキの顔はクリームののせ方で変わります。
ここでは、2種類のデコレーションで仕上げます。

卵なし　乳なし

BASE
もっちりスポンジケーキ

### STEP 1

もっちりスポンジの中央に豆腐クリームをのせ、スプーンの背でざっとならし、つんつんとツノを立たせるようにする。

### STEP 2

1とは別のもっちりスポンジには、丸口金（写真は直径1cm）をセットした絞り袋に豆腐クリームを入れ、もっちりスポンジの上に丸く6個を絞る。

### STEP 3

ブルーベリーを飾る。

☁ ほかに合うCREAM

**スプーンでツノを立たせる場合**
・豆乳クリーム（P60）
・米粉カスタード豆乳クリーム（P63）
・ハニーヨーグルトクリーム（P72）

**絞る場合**
・ココナッツオイルクリーム（P68）
・チーズクリーム（P72）

基本の生地 [ 2 ]

## BASE
# ふんわりスポンジケーキ

卵がふくらむ力はそのままに、重すぎず、軽すぎないふんわり感。卵黄と卵白を別々に泡立てず、ワンボウルで作れるのもポイント！

**直径15cmの丸型**

**24cm×24cmの角型**

**直径7cmのマフィン型**

**直径17cmのシフォン型**

■ 材料
（直径15cmの丸型1台分／24cm×24cmの角型1台分／直径7cmのマフィン型6個分）

卵白 … 2個分
てんさい糖 … 30g
卵黄 … 2個分
**A** 米粉 … 35g
　ベーキングパウダー … 小さじ1/4 (1g)
**B** 無調整豆乳 … 大さじ1 (15g)
　米油 … 大さじ1 (12g)

------

■ 材料（直径17cmのシフォン型1台分）

卵白 … 4個分
てんさい糖 … 60g
卵黄 … 4個分
**A** 米粉 … 70g
　ベーキングパウダー … 小さじ1/2 (2g)
**B** 無調整豆乳 … 大さじ2 (30g)
　米油 … 大さじ2 (24g)

※コーヒーシフォン（P36）を作る場合は、**B**の無調整豆乳を同量の水に変更し、インスタントコーヒー大さじ1を加えて混ぜ、溶けたら米油を加えて準備する。その他の材料、作り方は同じでOK。

------

■ 準備
○ 型に型紙（マフィン型にはグラシンカップ、シフォン型は不要）を敷く。
○ **B**は合わせる。
○ オーブンは180℃（角型は190℃）に予熱する。

| 卵あり | 乳なし |

## STEP 1

ボウルに卵白を入れてハンドミキサー（高速）で泡立て、てんさい糖を3回に分けて加え、ツノが立つくらいのメレンゲを作る。

## STEP 2

卵黄を1個分ずつ加え、その都度ハンドミキサーで混ぜる。

## STEP 3

Aを合わせてふるい入れ、ゴムベラで混ぜる。粉っぽさが若干残るところでBを加えて混ぜ、生地にツヤが出たらでき上がり！

## 焼く

生地の材料をすべて混ぜ合わせたら、すぐに焼くのがポイント！

**直径15cmの丸型**
型紙を敷いた型にゴムベラで流し入れ、180℃で20〜25分焼く。

**24cm×24cmの角型**
型紙を敷いた型にゴムベラで流し入れて平らにならし、190℃で13〜15分焼く。

**直径7cmのマフィン型**
グラシンカップを敷いた型にスプーンで流し入れ、180℃で13〜15分焼く。

**直径17cmのシフォン型**
型にゴムベラで流し入れ、エントツ部分を親指で押さえながら型を2〜3回まわして全体をならしてから180℃で30〜35分焼く。

> **MEMO／焼き上がりから保存まで**
>
> 竹串を刺してみてどろっとした生地がついてこなければ焼き上がり。オーブンから出してすぐに20cmほどの高さから落とす。シフォン型で焼いた場合は、逆さにして瓶にさして冷まし、そのほかは型からはずして網の上で冷ます。粗熱が取れたら、乾燥しないようにラップで包んで保存する（保存期間：冷蔵3日／冷凍2週間）。

［シフォン型で焼いた場合］

■ **材料** (1台分)

ふんわりスポンジケーキ (P32) … 24cm×24cmの角型1台
米粉カスタードクリーム (P62) … 約240g
豆乳クリーム (P60) … 約100g
アメリカンチェリー … 24個

■ **準備**

○ チェリーはトッピング用に10個を取り置き、残りは
サンド用に柄を取り、半分に切って種を除く。

**CREAM**

米粉カスタード
クリーム
→ P62

豆乳クリーム
→ P60

| 生地・クリーム |
|---|
| 卵あり　乳なし |

**BASE**

ふんわりスポンジケーキ

EXTRA CREAM ROLL CAKE

# たっぷりクリームのロールケーキ

たっぷりカスタードクリームをシート状のスポンジケーキでぐるり！
チェリーのほかにも、いちごやキウイフルーツなど酸味のあるフルーツがよく合いますよ。

### STEP 1

ふんわりスポンジは巻き終わりになる部分を端から1cmほどのところから角に向かって斜め下方に切り、オーブンシートの上にのせ、米粉カスタードクリームをのせる。奥1cmほど残してパレットナイフで平らにならし、サンド用のチェリーをちらす。

### STEP 2

手前からシートごと持ち上げて巻く。巻き終わりを下にしてラップでしっかりと包んで固定し、冷蔵庫で1〜2時間冷やす。

### STEP 3

ラップをはずし、豆乳クリームをスプーンでならしながらのせる。仕上げに飾り用のチェリーを飾る。

☁ ほかに合う **CREAM**

**巻き込む用**
・豆腐クリーム（プレーン、P65）
・チョコ豆腐クリーム（P65）

**トッピング用**
・米粉カスタード豆乳クリーム（P63）
・ハニーヨーグルトクリーム（P72）

■ 材料 （1台分）

ふんわりスポンジケーキ（P32、コーヒー味）… 直径17cmのシフォン型1台
豆腐クリーム（プレーン、P65）… 200～300g
コーヒー豆（挽いたもの）… 適量

豆腐クリーム
（プレーン）
➡ P65

COFFEE CHIFFON

# コーヒーシフォン

人気のシフォンケーキは、たっぷりクリームでさらにおいしくいただけます。
サンドイッチにすれば、贅沢に手づかみで食べられるのがうれしいですね。

生地のみ
卵あり　乳なし

BASE
ふんわりスポンジケーキ

### STEP 1

ふんわりスポンジは6等分に切り、内側（エントツ側）に切り込みを入れる。

### STEP 2

星口金をセットした絞り袋に豆腐クリームを入れ、切り込みを少し広げながら間に絞る。

### STEP 3

コーヒー豆をふる。
※P10のように表面にクリームを塗ったり、添えたりしても◎。

☁ ほかに合う **CREAM**

・米粉カスタードクリーム（P62）
・チーズクリーム（P72）

添えるだけなら、豆乳クリーム（P60）やコーヒー豆腐クリーム（P65）も◎。

■ 材料 （1台分）

ふんわりスポンジケーキ (P32) … 直径15cmの丸型1台
ココナッツドライフルーツクリーム (マンゴー、P69) … 約300g
ココナッツロング … 適量

■ 準備

○ スポンジケーキは2枚にスライスする。

CREAM

ココナッツ
ドライフルーツクリーム
➡ P69

MANGO COCONUT CAKE

# マンゴーココナッツショートケーキ

夏にぴったりのトロピカル味のショートケーキ！
ドライフルーツを使うので、1年中作ることができます。

生地のみ 卵あり 乳なし

BASE ふんわりスポンジケーキ

### STEP 1

ふんわりスポンジ1枚にココナッツドライフルーツクリームの1/2量を（マンゴーもだいたい1/2量になるように）のせ、スプーンでざっとならす。

### STEP 2

もう1枚のふんわりスポンジをのせる。

### STEP 3

残りのココナッツドライフルーツクリームをのせ、全体にココナッツロングをちらす。

☁ ほかに合うCREAM

・豆乳クリーム（P60）
・ラズベリー豆乳クリーム（P61）
・ココナッツオイルクリーム（P68）
・ハニーヨーグルトクリーム（P72）

-39-

■ 材料 （各3個分）

ふんわりスポンジケーキ(P32) … 直径7cmのマフィン型6個
抹茶豆乳クリーム(P61) … 約100g
ラズベリー豆乳クリーム(P61) … 約100g
抹茶パウダー … 適量
ラズベリーパウダー … 適量

CREAM

抹茶豆乳
クリーム
➡ P61

ラズベリー
豆乳クリーム
➡ P61

MATCHA CUPCAKE & RASPBERRY CUPCAKE

# 抹茶のカップケーキ
# ラズベリーのカップケーキ

2つの味のクリームをのせたカップケーキ！
グリーンとピンクの組み合わせがかわいいので、ぜひペアで作ってみて。

| 生地のみ | |
|---|---|
| 卵あり | 乳なし |

**BASE**
ふんわりスポンジケーキ

### STEP 1

ふんわりスポンジの上に抹茶豆乳クリームをスプーンでぽってりとのせる。

### STEP 2

1とは別のふんわりスポンジの上にラズベリー豆乳クリームをスプーンでのせ、スプーンの背でうずまきを描く。

### STEP 3

それぞれ抹茶パウダー、ラズベリーパウダーをふる。

☁ ほかに合う**CREAM**

- 豆乳クリーム (P60)
- ラズベリー豆腐クリーム (P64)
- 抹茶豆腐クリーム (P65)
- さつまいもクリーム (P70)
- ハニーヨーグルトクリーム (P72)

## 基本の生地［3］

**BASE**
# シュー ＆ パリブレスト

シューのふくらみを左右するのは、実は小麦粉（＝グルテンの量）。米粉を使えば、グルテンが形成されないので失敗しにくくなりますよ。

直径5〜6cmのシュー

直径16cmのパリブレスト

■ 材料
（直径5〜6cmのシュー10個分／
直径16cmのパリブレスト1台分）

A 水 … 100g
　てんさい糖 … 小さじ1 (5g)
　塩 … ひとつまみ
　ココナッツオイル … 30g
米粉 … 60g
溶き卵 … 2個分 (110g)

■ 準備

○ 卵は常温に戻す。
○ 天板にオーブンシートを敷く。
○ オーブンは200℃に予熱する。
○ 霧吹きを用意する。

卵あり　乳なし

## STEP 1

小鍋に**A**を入れて中火にかけ、完全に沸騰したら米粉を一気に加える。火からはずし、生地がひとまとまりになるようにゴムベラで手早く混ぜる。

## STEP 2

溶き卵を少しずつ加えて混ぜる（混ざりにくければ泡立て器に持ちかえると◎）。

## STEP 3

ゴムベラですくった生地がゆっくり落ち、逆三角形になるぐらいになったらでき上がり。卵は全部入りきらなくても良い。足りなければ、追加する（分量外）。

### 焼く
焼いている間、オーブンは絶対に開けないことがポイント！

**直径5～6cmのシュー**

1cmの丸口金をセットした絞り袋に入れ、天板に直径4cmに丸く10個絞る。全体に霧吹きをし、200℃のオーブンで20分、オーブンの扉を開けずに160℃に下げて25分焼く。

**直径16cmのパリブレスト**

星口金をセットした絞り袋に入れ、天板に16cmのリング状に2周絞り、2本の線の間にもう1周絞る（残った生地は小さく絞ってプチシューにしても◎）。全体に霧吹きをし、200℃のオーブンで20分、オーブンの扉を開けずに160℃に下げて30分焼く。

**MEMO／焼き上がりから保存まで**

全体がふくらんで、こんがりとしたら焼き上がり。網の上で冷ます。粗熱が取れたら保存袋などに入れて保存する（保存期間：冷蔵2日／冷凍2週間）。どちらも食べる時に180℃のオーブンで5分ほど焼き直すと良い。冷凍のままオーブンへ入れてOK。

■ 材料 （10個分）

シュー（P42）… 直径5〜6cmのシュー10個
米粉カスタードクリーム（P62）… 約430g

CREAM

米粉カスタード
クリーム
➡ P62

CREAM PUFF

# シュークリーム

小麦粉を使わないシューに、小麦粉を使わないカスタードクリームを詰めた、小麦粉をまったく使わないシュークリームです。

BASE
シュー & パリブレスト

生地・クリーム
卵あり　乳なし

### STEP 1

シューは上部1/3のところで切る。

### STEP 2

星口金をセットした絞り袋に米粉カスタードクリームを入れ、シューの中に絞る。

### STEP 3

切りはなしたシューをのせる。

☁ ほかに合うCREAM

- 黒ごま豆腐クリーム (P65)
- メープルパンプキンクリーム (P71)
- チーズクリーム (P72)

■ 材料 (1台分)

パリブレスト (P42) … 直径16cmのパリブレスト1台
チーズクリーム (P72) … 300〜400g
いちご … 4個
キウイフルーツ … 1個
マンゴー … 1/3個
ブルーベリー … 10個
アイシング
　てんさい糖 … 50g
　レモン汁 … 小さじ2 (10g)

■ 準備

○ いちごはヘタを落とし、縦半分に切る。
○ キウイフルーツ、マンゴーはそれぞれ皮をむいて2〜3cm角に切る。
○ てんさい糖にレモン汁を少しずつ加えて溶き、アイシングを作る。

CREAM

チーズクリーム
➡ P72

FRUIT PARIS BREST

# フルーツパリブレスト

シュー生地を大きく絞れば、リッチで華やかなおやつのでき上がり！
カスタードクリームや生クリーム（あるいはダブルクリーム！）もよく合います。

| 生地のみ | クリームのみ |
|---|---|
| 卵あり | 乳あり |

BASE シュー＆パリブレスト

### STEP 1

パリブレストは横半分に切る。星口金をセットした絞り袋にチーズクリームを入れ、ふち側から中央に向かって絞る。

### STEP 2

フルーツをランダムにのせる。

### STEP 3

切りはなしたパリブレストをのせ、ハケでアイシングを塗る。

☁ ほかに合う **CREAM**

・米粉カスタードクリーム（P62）
・ココナッツオイルクリーム（P68）

基本の生地 [4]

## BASE
# タルト＆タルトレット

小麦粉だけでなく、卵も不使用。
無調整豆乳と米油を加え、
ザクザクとした仕上がりに。
本書では、型がなくても作れる方法を紹介！

**直径約18cmの型なしタルト**

**直径約6cmの型なしタルトレット**

■ 材料
（直径約18cmの型なしタルト1台分／
直径約6cmの型なしタルトレット5台分）

A 米粉 … 40g
  アーモンドパウダー … 40g
  コーンスターチ … 30g
  てんさい糖 … 30g
  塩 … ひとつまみ
米油 … 40g
無調整豆乳 … 20g

■ 準備

○ 天板にオーブンシートを敷く。

卵なし 乳なし

## STEP 1

ボウルにAを入れて手でぐるぐる混ぜ、米油を入れて両手でこすり合わせるようにしながら混ぜ、そぼろ状にする。さらに無調整豆乳を加えて全体にしっとりとなじむまで手で混ぜ、両手でぎゅっとボール状に丸める。

※タルトレットの場合は、生地を5等分して丸める。

## STEP 2

2枚のラップで1をはさみ、めん棒で直径20cmの円形（5mm厚さ）にのばす。底のラップをはずしてオーブンシートに移し、さらに上のラップもはずす。

※タルトレットの場合は、直径8cmの円形（5mm厚さ）にのばす。

## STEP 3

ふちを1cm内側に折り込み、形を整えながらもう1cm内側に折り込む。フォークで穴をあけ、ふんわりとラップをかけて冷蔵庫で30分以上休ませる。

### 焼く
生地を休ませている間にオーブンを180℃に予熱しておき、こんがりと焼くのがポイント！

**直径約18cmの型なしタルト**
冷蔵庫から取り出したらラップをはずし、オーブンシートごと天板に移してから180℃で15分焼く。

※タルト型に敷き詰めて焼くこともできます。

**直径約6cmの型なしタルトレット**
冷蔵庫から取り出したらラップをはずし、オーブンシートごと天板に移してから180℃で10分焼く。

**MEMO／焼き上がりから保存まで**
全体がこんがりとしたら焼き上がり。網の上で冷ます。粗熱が取れたら保存袋などに入れて保存する（保存期間：冷蔵3日／冷凍2週間）。

■ 材料 （1台分）

タルト (P48)
　…直径約18cmの型なしタルト1台
卵なしアーモンドクリーム (P66) … 約80g
米粉カスタードクリーム (P62) … 約90g
ラズベリー … 40個 (1パック)

■ 準備

○ オーブンは180℃に予熱する。

CREAM

卵なしアーモンドクリーム
→ P66

米粉カスタードクリーム
→ P62

| クリームのみ 卵あり | 乳なし |

BASE

タルト&タルトレット

RASPBERRY TART

# ラズベリータルト

タルトはしっかりと火を入れることで、ザクザクッとした食感に！
米粉カスタードクリームは、好みで量を増やしてもOK。

### STEP 1

型なしタルトに卵なしアーモンドクリームをのせ、スプーンで平らにならし、さらに180℃で20分ほど焼いて網の上で冷ます。

### STEP 2

米粉カスタードクリームをのせ、平らにならす。

### STEP 3

ラズベリーを並べる。

☁ ほかに合うCREAM

**卵なしアーモンドクリームの代わり**
・卵ありアーモンドクリーム（P66）
・豆腐アーモンドクリーム（P67）

**米粉カスタードクリームの代わり**
・ラズベリー豆腐クリーム（P64）
・ハニーヨーグルトクリーム（P72）

■ 材料 （5台分）

タルトレット (P48)
　… 直径約6cmの型なしタルトレット5台
豆腐アーモンドクリーム (P67) … 約50g
豆乳クリーム (P60) … 約70g
キウイフルーツ (スライス) … 10枚

■ 準備

○ オーブンは180℃に予熱する。

CREAM

豆腐アーモンド
クリーム
➡ P67

豆乳クリーム
➡ P60

卵なし | 乳なし

BASE
タルト & タルトレット

FRUIT TARTLET
# フルーツタルトレット

かわいいサイズのタルトレットはおもてなしおやつにもぴったり！
クリームもフルーツも組み合わせ自由自在です。

### STEP 1

型なしタルトレットに豆腐アーモンドクリームをのせ、スプーンで平らにならし、さらに180℃で20分ほど焼き、網の上で冷ます。

### STEP 2

豆乳クリームを等分してのせ、平らにならす。

### STEP 3

キウイフルーツは菊型で型抜きし（または皮だけをむく）、2枚ずつのせる。

☁ ほかに合う**CREAM**

**豆腐アーモンドクリームの代わり**
- 卵なしアーモンドクリーム（P66）
- 卵ありアーモンドクリーム（P66）

**豆乳クリームの代わり**
- 米粉カスタードクリーム（P62）
- 豆腐クリーム（プレーン、P65）
- ハニーヨーグルトクリーム（P72）
- チーズクリーム（P72）

## 基本の生地 [ 5 ]

**BASE**
# パブロバ

ニュージーランド生まれの"パブロバ"は、メレンゲを焼いた新食感のおやつ。
外はカリッ。中はしゅわしゅわと口の中で溶けるような不思議食感。

直径15cmのパブロバ

直径12cmのパブロバ

■ 材料
（直径15cmのパブロバ1台分／
直径12cmのパブロバ2台分）

卵白 … 2個分
塩 … ひとつまみ
てんさい糖 … 70g
バニラオイル … 適量
レモン汁 … 小さじ1 (5g)
コーンスターチ … 大さじ1/2 (5g)

■ 準備

○ 天板にオーブンシートを敷く。
○ オーブンは150℃に予熱する。

パブロバ（チョコ味）を作る場合は、製菓用チョコレート（スイート）30gを湯せんで溶かしておき、STEP3でコーンスターチを加えて泡立てたあとに加え、大きく混ぜてマーブル状にする。

※チョコレートは、乳製品が含まれていないものを使用しています。

| 卵あり | 乳なし |

| STEP 1 | STEP 2 | STEP 3 |
|---|---|---|
|  |  |  |
| ボウルに卵白を入れ、白っぽくなるまで泡立てる。塩を加えてさらに泡立て、てんさい糖を3回に分けて加え、ツノが立つくらいのメレンゲにする。 | バニラオイル、レモン汁を加えてざっと混ぜる。 | さらにコーンスターチを加え、しっかりと泡立てる。 |

### 焼く

厚さはなるべく均一にすると◎。焼いている間、オーブンは絶対に開けないことがポイント！

**直径15cmのパブロバ**
天板にオーブンシートを敷き、生地を直径15cmの円形に形を整えながらのせる。150℃のオーブンで20分焼き、130℃に下げて80分焼き、オーブンに入れたまま完全に冷めるまで1時間ほどおく。

**直径12cmのパブロバ**
天板にオーブンシートを敷き、生地を2等分して直径12cmの円形に形を整えながらのせる。150℃のオーブンで20分焼き、130℃に下げて50分焼き、オーブンに入れたまま完全に冷めるまで1時間ほどおく。

**MEMO／焼き上がりから保存まで**
湿度の高い時期（6〜8月）は、130℃に下げた後の焼き時間を20〜30分ほど長めにするとよい。密閉容器に乾燥剤とともに入れて保存する（保存期間：冷暗所2日／冷凍不可）。

■ 材料 （1台分）

パブロバ（P54）… 直径約15cmのパブロバ1台
ハニーヨーグルトクリーム（P72）… 約220g
ミックスベリージャム（P73）… 50g

CREAM & JAM

ハニーヨーグルト
クリーム
➡ P72

ミックスベリー
ジャム
➡ P73

| 生地のみ | クリームのみ |
|---|---|
| 卵あり | 乳あり |

BASE パブロバ

PAVLOVA WITH MIXED BERRY JAM

# パブロバ ミックスベリージャム

好みのクリームやジャムをたっぷりかけてどうぞ！
酸味のあるクリーム、ジャムがよく合います。

STEP 1

パブロバにハニーヨーグルトクリームをのせる。

STEP 2

スプーンの背で平らにならす。

STEP 3

ミックスベリージャムをたらす。

☁ ほかに合うCREAM

・豆乳クリーム (P60)
・ココナッツフルーツクリーム (P68)

### ■ 材料 （2台分）

パブロバ（チョコ味、P54）
　…直径約12cmのパブロバ2台
豆乳クリーム（P60）… 約200g
いちじく … 2個
製菓用チョコレート（スイート）… 20g

### ■ 準備

○ いちじくは4等分に切る。
○ チョコレートは湯せんで溶かす。

※チョコレートは乳製品が含まれていないものを使用しています。

**CREAM**

豆乳クリーム
➡ P60

-58-

| 生地のみ 卵あり | 乳なし |

**BASE** パブロバ

CHOCOLATE PAVLOVA WITH FIG & CHOCOLATE SAUCE

# チョコパブロバ いちじくチョコソース

チョコ味のパブロバにコクのある豆乳クリームとチョコレート、そしていちじく。
しっかりと甘いけれど、しつこくないおとなのおやつです。

STEP 1

パブロバに豆乳クリームをのせ、平らにならす。

STEP 2

いちじくをランダムにのせる。

STEP 3

チョコレートを斜めにたらす。

☁ ほかに合う **CREAM**

・チョコ豆乳クリーム（P61）
・チョコ豆腐クリーム（P65）
・ハニーヨーグルトクリーム（P72）

-59-

## クリームの作り方

クリームのレシピを紹介します。本書のグルテンフリーのおやつ以外にも、パンやクラッカーなどに付けて食べてもおいしいですよ。

### SOY CREAM

# 豆乳クリーム

クリーミーでコクがあるけど、重たくない！

| 保存 | 冷蔵庫で4〜5日間 |
|---|---|
| 絞る | △ |
| のせる | ○ |
| 塗る | ○ |

■ 材料（でき上がり約420g）

無調整豆乳 … 200g
米油 … 200g
てんさい糖 … 40g
レモン汁 … 大さじ1/2 (7.5g)

**POINT**

- 丸口金などでふんわり大きく絞れるくらいのかたさ。
  （星口金などで、きれいに筋を付けるのはむずかしい）
- 冷蔵庫でひと晩寝かせるとデコレーションしやすくなる。
- 使う時は、ゴムベラやスプーンでざっと混ぜる。
  （塗る時、のせる時はなめらかになるまで混ぜてもOK）

CREAM VARIATION

| 卵なし | 乳なし |

## STEP 1

ミキサーでもOK!

ボウルにすべての材料を入れ、ブレンダーをかける。

## STEP 2

しっかりと乳化して白くなるまで1分ほど撹拌する。

## STEP 3

ゴムベラですくった時に、写真くらいのとろみがついたら、でき上がり。

---

### ARRANGE CREAM

| 卵なし | 乳なし |

**チョコ豆乳クリーム**

左記の材料にココアパウダー（乳製品不使用）40gを加える。仕上がりのクリームのかたさは、豆乳クリーム同様。

| 卵なし | 乳なし |

**ラズベリー豆乳クリーム**

左記の材料にラズベリーパウダー5gを加える。仕上がりのクリームのかたさは、豆乳クリーム同様。

| 卵なし | 乳なし |

**抹茶豆乳クリーム**

左記の材料に抹茶パウダー5gを加える。仕上がりのクリームのかたさは、豆乳クリーム同様。

# RICE FLOUR CUSTARD CREAM

## 米粉カスタードクリーム

卵の味がしっかり！ しつこくない甘味です。

| 保存 | 当日中 |
|---|---|
| 絞る | ○ |
| のせる | ○ |
| 塗る | ○ |

CREAM VARIATION

■ 材料 （でき上がり約430g）

無調整豆乳 … 300g
卵黄 … 3個分
てんさい糖 … 70g
米粉 … 20g
バニラビーンズ … 1/3本
米油 … 大さじ1 (12g)

■ 準備

バニラビーンズのさやに縦に切り込みを入れ、中の種をこそげとる。

### POINT

- 本書では、他のクリームと合わせずにそのまま使うことが多いので、通常のカスタードクリームよりも若干やわらかめに仕上がるような配合にしている。
- 甘いのが苦手な方は、てんさい糖を10gほど減らしてもOK！
- 使う時は、ゴムベラでやわらかくほぐす。
- STEP3で米油を加えたあと、さらにこすと、より口当たりなめらかに仕上がる。
- バニラビーンズはさやごと加えたほうが香りよく仕上がる。（その場合は、こしてさやを取り除く）
- 無調整豆乳は、同量の牛乳に代えて作ることもできる。
- バニラビーンズがない場合は、バニラオイル適量でもOK。

卵あり　乳なし

## STEP 1

ボウルに卵黄を入れて泡立て器でほぐし、てんさい糖を加えて白っぽくなるまで混ぜる。米粉を加えて軽く混ぜる。

## STEP 2

小鍋に無調整豆乳、バニラビーンズのさやと種を入れて火にかけ、沸騰直前まで温める。1のボウルに少しずつ加えて溶きのばし、こし器でこして小鍋に戻す。

## STEP 3

中火にかけ、ゴムベラで絶えず混ぜながら煮る。とろみがつき、沸騰して鍋底からぷくぷくと沸いてきたら火からおろす（クリームにツヤが出てゴムベラですくった時になめらかに落ちるようになればOK）。米油を加えて混ぜて急冷する（急冷の方法はP74参照）。

CREAM VARIATION

[ 電子レンジで作る場合 ]

### STEP 1

耐熱ボウルに卵黄を入れてほぐし、てんさい糖を加えて白っぽくなるまで混ぜる。米粉を加えて軽く混ぜ、無調整豆乳を少しずつ加えて溶きのばす。バニラビーンズの中の種を加える。

### STEP 2

ラップをせずに600Wの電子レンジで4分30秒加熱する。いったん取り出して泡立て器で手早く混ぜる。

### STEP 3

ふたたび1分加熱し、取り出して混ぜる。さらに1分加熱して、すぐに米油を加え混ぜて急冷する。

### ARRANGE CREAM

卵あり　乳なし

**米粉カスタード豆乳クリーム**

米粉カスタードクリームと豆乳クリーム（P60）を3：1で混ぜる。仕上がりのクリームのかたさは、丸口金などでふんわり大きく絞れるくらい（星口金などで、きれいに筋を付けるのはむずかしい）。

🫐 RASPBERRY TOFU CREAM

# ラズベリー豆腐クリーム

豆腐のやさしい味を生かした、ヘルシーなクリーム。

| 保存 | 冷蔵庫で3日間<br>作りたてが◎ |
|---|---|
| 絞る | ○ |
| のせる | ○ |
| 塗る | ○ |

CREAM VARIATION

■ 材料 (でき上がり約300g)

絹ごし豆腐 … 300g
てんさい糖 … 40g
ラズベリーパウダー … 8g
米油 … 大さじ2 (24g)
レモン汁 … 小さじ1 (5g)

( POINT )

- 使う時は、ゴムベラやスプーンでざっと混ぜる。(保存すると、どうしても離水してしまうため)
- なめらかになるまで混ぜると、絞るのに不向きになるので注意。
- 塗る時、のせる時はなめらかになるまで混ぜてもOK。

| 卵なし | 乳なし |

## STEP 1

小鍋に湯を沸かし、大きいままの絹ごし豆腐を入れて弱めの中火で5分ほどゆでて取り出す。ペーパータオルを2枚重ねにして包み、重石をして、10分ほど水きりする（200～220gになればOK）。

## STEP 2

ボウルに1とそのほかの材料を入れる。

## STEP 3

ミキサーでもOK！

ブレンダーで1分ほど撹拌し、なめらかになったらでき上がり。

CREAM VARIATION

--- ARRANGE CREAM ---

| 卵なし | 乳なし |

### 豆腐クリーム（プレーン）

てんさい糖40g→30gにし、ラズベリーパウダーを加えずに作る。仕上がりのクリームのかたさは、ラズベリー豆腐クリーム同様。

| 卵なし | 乳なし |

### チョコ豆腐クリーム

ラズベリーパウダーの代わりにココアパウダー（乳製品不使用）10gを加えて作る。仕上がりのクリームのかたさは、ラズベリー豆腐クリーム同様。

| 卵なし | 乳なし |

### 抹茶豆腐クリーム

ラズベリーパウダーの代わりに抹茶パウダー5gを加えて作る。仕上がりのクリームのかたさは、ラズベリー豆腐クリーム同様。

| 卵なし | 乳なし |

### コーヒー豆腐クリーム

ラズベリーパウダーの代わりにインスタントコーヒー5gを加えて作る。仕上がりのクリームのかたさは、丸口金などでふんわり大きく絞れるくらい（星口金などで、きれいに筋を付けるのはむずかしい）。

| 卵なし | 乳なし |

### 黒ごま豆腐クリーム

ラズベリーパウダーの代わりに黒ごまペースト30gを加え、てんさい糖40g→30gにして米油を加えずに作る。仕上がりのクリームのかたさは、ラズベリー豆腐クリーム同様。

| 卵なし | 乳なし |

## 🥚 EGGLESS ALMOND CREAM

# 卵なしアーモンドクリーム

香ばしいアーモンドの風味がポイント。焼き上がりはしっとり！

| 保存 | 冷蔵庫で 2日間 | 冷凍庫で 2週間 |

このままでは食べない。型なしタルト(P48)にのせて平らにならし、180℃に温めておいたオーブンで20分ほど焼いて食べる。

■ 材料
（でき上がり約80g、直径18cmタルト1台分）

**A** てんさい糖 … 20g
　メープルシロップ … 10g
　水 … 10g
米油 … 20g
**B** アーモンドパウダー … 30g
　米粉 … 10g

( POINT )

- ラップで包み、保存袋に入れて保存する。
- 使う時は、ボウルなどに移してゴムベラやスプーンでなめらかになるまで混ぜる。

### STEP 1

ボウルに**A**を入れて泡立て器でよく混ぜる。米油を加えてさらによく混ぜる。

### STEP 2

**B**を合わせてふるい入れる。

### STEP 3

ゴムベラに持ちかえ、よく混ぜる。

---

### ARRANGE CREAM

| 卵あり | 乳なし |

**卵ありアーモンドクリーム**
（でき上がり約130g）

ボウルに卵1/2個分を入れて溶きほぐし、無調整豆乳25g、てんさい糖25gを加えて泡立て器ですり混ぜる。アーモンドパウダー50gをふるい入れ、ゴムベラに持ちかえて混ぜる。

| | 卵なし | 乳なし |

## 🍮 TOFU ALMOND CREAM

# 豆腐アーモンドクリーム

豆腐でつないでいるのでヘルシー。焼き上がりはふっくら！

| 保存 | 冷蔵庫で **2日間** | 冷凍庫で **10日間** |

このままでは食べない。型なしタルト（P48）にのせて平らにならし、180℃に温めておいたオーブンで20分ほど焼いて食べる。

■ 材料
（でき上がり約100g、直径18cmタルト1台分）

絹ごし豆腐 … 50g

アーモンドパウダー … 40g

米粉 … 10g

メープルシロップ … 30g

**POINT**

- ラップで包み、保存袋に入れて保存する。
- 使う時は、ボウルなどに移してゴムベラやスプーンでなめらかになるまで混ぜる。

CREAM VARIATION

### STEP 1

絹ごし豆腐はペーパータオルを2枚重ねて包み、重石をせずに10分ほど水きりする（水きり後の目安は、約45g）。

### STEP 2

ボウルに1とそのほかの材料を入れる。

### STEP 3

ミキサーでもOK！
ブレンダーで1分ほど撹拌し、なめらかになったらでき上がり。

| 卵なし | 乳なし |

## 🍓 COCONUT FRUIT CREAM

# ココナッツフルーツクリーム

フルーティーなこってり系クリーム。

| 保存 | 冷蔵庫で3日間 |
|---|---|
| 絞る | × |
| のせる | × |
| 塗る | △ |

■ 材料（でき上がり約160g）

フルーツ（いちご、バナナなど）
… 正味100g
てんさい糖 … 大さじ1（12g）
レモン汁 … 大さじ1/2（7.5g）
ココナッツオイル（無臭のもの）
… 50g

■ 準備

ココナッツオイルは固まっていたら、湯せんで液体に溶かしておく。

**POINT**

- とてもゆるいクリーム。ディップして食べたり、トライフルのように器へ流し入れるのに適している。

### BASIC COCONUT OIL CREAM

**ココナッツオイルクリーム**

| 卵なし | 乳なし |

| 保存 | 冷蔵庫で1週間 |
|---|---|
| 絞る | ○ |
| のせる | ○ |
| 塗る | ○ |

■ 材料（でき上がり約180g）

てんさい糖 … 30g
無調整豆乳 … 50g
ココナッツオイル
（無臭のもの）… 100g

■ 作り方

左記の要領でフルーツとレモン汁の代わりに豆乳を加え、クリーム状にする。上手に乳化できると、真っ白のとても扱いやすいクリームができる。

**POINT**

- 冷やすと固まってしまうので常温で使用。
- 保存したものを使う時は、冷蔵庫から出したら湯せんで溶かし、ふたたびSTEP3の要領でかたさを調整する。

### STEP 1

ボウルに材料をすべて入れる（ここではいちごを使用）。

### STEP 2

ミキサーでもOK！

ブレンダーでなめらかになるまで撹拌する。

### STEP 3

ボウルの底を氷水にあてて白っぽくなるまで泡立て器で混ぜる。固まってきたら氷水からはずし、なめらかに乳化するまでさらに混ぜる。

卵なし | 乳なし

## ☁ COCONUT DRIED FRUIT CREAM

# ココナッツドライフルーツクリーム

濃厚かつ食べごたえ満点！

| 保存 | 冷蔵庫で4日間 |
|---|---|
| 絞る | × |
| のせる | ○ |
| 塗る | ○ |

■ 材料（でき上がり約330g）

ココナッツクリーム … 200g
てんさい糖 … 30g
ドライフルーツ（マンゴー、クランベリー、レーズン、パインなど）… 50g

**POINT**

- 使う時は、ゴムベラやスプーンでざっと混ぜる。

CREAM VARIATION

### STEP 1

好みのドライフルーツを用意し、食べやすい大きさに切る（ここではドライマンゴーを使用）。

### STEP 2

ココナッツクリームにてんさい糖を加えて混ぜ、ドライマンゴーを加えて混ぜる。

### STEP 3

保存容器に入れ、冷蔵庫でひと晩冷やす。

| 卵なし | 乳なし |

## 🍠 SWEET POTATO CREAM

# さつまいもクリーム

野菜のおいしさをストレートに！

| 保存 | 冷蔵庫で 4日間 | 冷凍庫で 2週間 |
|---|---|---|
| 絞る | ○ | |
| のせる | ○ | |
| 塗る | ○ | |

■ 材料（でき上がり約380g）

さつまいも（皮を除く）… 正味300g
無調整豆乳 … 50g
はちみつ … 50g

( POINT )

- ラップで包み、保存袋に入れて保存する。
- 使う時は、ボウルなどに移してゴムベラやスプーンでなめらかになるまで混ぜる。

CREAM VARIATION

### STEP 1

さつまいもは皮をむいてひと口大に切り、5分ほど水にさらして水気をきる。

### STEP 2

水からゆで、竹串がすっと入るくらいにやわらかくなったらザルに上げる。

### STEP 3
ミキサーでもOK！

ボウルに2と残りの材料を入れ、ブレンダーで撹拌する（ザルに上げた後、裏ごししてから豆乳とはちみつを混ぜてもOK）。

---

ARRANGE CREAM

| 卵なし | 乳なし |

#### 紫いもクリーム

さつまいもを同量の紫いもに置きかえる。仕上がりのクリームのかたさは、さつまいもクリーム同様。

-70-

## MAPLE PUMPKIN CREAM

# メープルパンプキンクリーム

かぼちゃが主役のメープル風味クリーム。

| | 卵なし | 乳なし |
|---|---|---|
| 保存 | 冷蔵庫で 4日間 | 冷凍庫で 2週間 |
| 絞る | ○ | |
| のせる | ○ | |
| 塗る | ○ | |

■ 材料（でき上がり約280g）

かぼちゃ（皮とワタを除く）
… 正味250g
メープルシロップ … 30g
米油 … 15g
無調整豆乳 … 10〜30g

### POINT

- ラップで包み、保存袋に入れて保存する。
- 使う時は、ボウルなどに移してゴムベラやスプーンでなめらかになるまで混ぜる。

CREAM VARIATION

### STEP 1

かぼちゃはひと口大に切り、水にくぐらせて耐熱ボウルに入れ、ふんわりとラップをして600Wの電子レンジで5分加熱する。

### STEP 2

ミキサーでもOK！

熱いうちにメープルシロップ、米油を加えてブレンダーでなめらかになるまで撹拌する（レンジ加熱の後、裏ごししてメープルシロップ、米油を混ぜてもOK）。

### STEP 3

無調整豆乳を少しずつ加え、ゴムベラで混ぜながらかたさを調整する。

卵なし / 乳あり

## HONEY YOGURT CREAM

# ハニーヨーグルトクリーム

クリーミーなのに後味さっぱり！

| 保存 | 冷蔵庫で4日間 |
|---|---|
| 絞る | × |
| のせる | ○ |
| 塗る | ○ |

**POINT**
- 使う時は、ゴムベラやスプーンでざっと混ぜる。

■ 材料（でき上がり約220g）
プレーンヨーグルト … 400g
はちみつ … 15g

■ 作り方

1. 水きりヨーグルトを作る。ボウルにザルをセットし、厚手のペーパータオルを2枚重ねてのせ、プレーンヨーグルトを入れて包む。
2. ラップをして冷蔵庫でひと晩おく（水分が出て約200gになったらOK）。
3. ボウルに水きりヨーグルト、はちみつを入れてよく混ぜる。

## CHEESE CREAM

# チーズクリーム

濃厚でコクのあるクリーム。

| 保存 | 冷蔵庫で4日間 | 冷凍庫で2週間 |
|---|---|---|
| 絞る | ○ | |
| のせる | ○ | |
| 塗る | ○ | |

**POINT**
- 使う時は、ゴムベラやスプーンでなめらかになるまで混ぜる。

■ 材料（でき上がり約210g）
クリームチーズ … 200g
てんさい糖 … 40g
牛乳 … 10g

■ 作り方

1. クリームチーズは常温に戻してやわらかくする。
2. ボウルにクリームチーズを入れ、なめらかになるまで練り、てんさい糖を加えて混ぜる。
3. 牛乳を少しずつ加えて混ぜる。

CREAM VARIATION

卵なし | 乳なし

## 🥛 SOY CHEESE CREAM

# チーズ風豆乳クリーム
まるで本当のチーズ味！

| 保存 | 冷蔵庫で 3〜4日間 |
|---|---|
| 絞る | × |
| のせる | ○ |
| 塗る | ○ |

POINT
- 使う時は、ゴムベラやスプーンでざっと混ぜる。
（保存すると、離水してしまうことがある）

■ 材料（でき上がり約170g）

**A** 無調整豆乳 … 400g
　　レモン汁 … 大さじ2（30g）
　　塩 … 小さじ2（10g）
はちみつ … 20g

■ 作り方

1. 保存容器にAを入れて混ぜ、ラップをして冷蔵庫で1時間おく。
2. ボウルにザルをセットし、ペーパータオルを2枚重ねにして1を入れる。ペーパータオルで包み、重石をして冷蔵庫でひと晩水きりする（でき上がりが約170gになったらOK）。
3. 2にはちみつを加えて混ぜる。

## 🫐 SAUCE & JAM

# ソース & ジャム
生地やクリームと相性ぴったり！

| 保存 | 絞る | × |
|---|---|---|
| 冷蔵庫で 2週間 | のせる | △ |
|  | 塗る | ○ |

キャラメルソース
ブルーベリージャム
ミックスベリージャム

### キャラメルソースの材料と作り方
（でき上がり約80g）

小鍋にてんさい糖60gと水10gを入れて中火にかけ、そのままキャラメル色になるまで焦がす。豆乳40gを加え、とろりとするまで混ぜながら煮詰める。

### ブルーベリージャムの材料と作り方
（でき上がり約100g）

耐熱ボウルにブルーベリー（冷凍）100g、てんさい糖40g、レモン汁小さじ1/2（2.5g）を入れ、ラップはかけずに電子レンジ600Wで3分加熱する。ひと混ぜして、さらに600Wで3分加熱する。

### ミックスベリージャムの材料と作り方
（でき上がり約100g）

耐熱ボウルにミックスベリー（冷凍）100g、てんさい糖40g、レモン汁小さじ1/2（2.5g）を入れ、ラップはかけずに電子レンジ600Wで3分加熱する。ひと混ぜして、さらに600Wで3分加熱する。

CREAM VARIATION

# 生地 と クリーム を もっとおいしく楽しむコツ

生地やクリームを作る時の
ちょっとしたコツや保存のポイント、
オススメの食べ方などを紹介します。

### カスタードクリームは急冷する

カスタードクリームを作る時は、焦げないように注意しながら、しっかりと火を入れるとおいしくなります。また、でき上がったら急冷することで、雑菌の繁殖を防ぎます。バットにクリームを入れ、底を氷水にあて、さらにラップの上に保冷剤をのせると◎。

### クリーム類は保存容器へ

日持ちのするクリーム類は、保存容器に入れて冷蔵庫へ。食べたい時にさっと取り出し、スプーンなどで直接すくって好きな分だけたっぷりかけて。毎回、必ず清潔なスプーンを使ってくださいね。

### クリームは平らにして冷凍

冷凍できるクリーム類は、保存袋へ入れてからバットの上にのせ、平らにして冷凍庫へ。使う日の前の晩に冷蔵庫へ移し、自然解凍するとおいしく食べられます。

### クリームは使う前によく混ぜる

クリームは保存すると分離する場合があります。よく混ぜてから使いましょう。ただし、混ぜすぎるとゆるくなってしまいます。添えたり、かけたりする分には問題ありませんが、絞って使いたい場合は注意しながら、かたさを調整します。

### 生地を冷凍する時は密閉する

ベースの生地を冷凍する時は、ラップでしっかりと包み、さらに保存袋へ入れて密閉することで冷凍庫のにおいが移らず、おいしさを保つことができます。あらかじめ、食べやすい大きさに切ったり、できるだけ小分けにしておきましょう。

### 自然解凍がオススメ。焼き直しても◎

ベースの生地を解凍する時は、自然解凍がベストです。温めてもおいしいスコーンやマフィンなどは、オーブンやトースターで軽く焼き直すと、おいしさアップ。どうしても水分がとんでしまうので、霧吹きをしてから焼くとなおGOOD。

### ココナッツオイルクリームはかたさを調整する

ココナッツオイルを使用したクリームは、季節によってどうしても状態が大きく変化します。固まっている場合は、使う前に湯せんにかけて溶かし、氷水に当てながら、好みのかたさに調整します。

### 残った生地とクリームをトライフルに！

生地とクリームを交互に重ねるだけで立派なグラススイーツに！残った生地とクリームは冷凍または冷蔵で保存しておくと、突然の来客時のおもてなしにもぴったりですよ。

### バースデーケーキにも！

キャンドルを立てたら、バースデーケーキのでき上がり！写真のように、小さいカップケーキだと気取らない可愛いらしい仕上がりになりますよ。

BAKED SWEETS

3 STEP  1 BOWL

# PART 2

## 焼きっぱなしで
## 魅惑のおやつ

CAKE　DONUT
MUFFIN
SCONE　COOKIES...

PART2では、焼きっぱなしのおやつを紹介。オーブンで作るレシピを中心に、クレープやドーナツ（揚げっぱなし）も登場します。野菜入りのヘルシーおやつもいっぱい！ クリームはのせても、のせなくてもおいしいのでお好みでどうぞ。

卵なし / クリームのみ 乳あり

CARROT CAKE

# キャロットケーキ

にんじんのせん切りがたっぷり入った、ずっしりと食べごたえのあるスパイシーなケーキ！ちょっぴり酸味のあるチーズクリームと相性◎

CREAM

チーズクリーム
➡ P72

■ 材料 （直径15cmの丸型1台分）

**A** 無調整豆乳 … 100g
　てんさい糖 … 70g
　レモン汁 … 小さじ1 (5g)
　塩 … ひとつまみ

ココナッツオイル … 30g
米油 … 30g

**B** 米粉 … 100g
　アーモンドパウダー … 50g
　シナモンパウダー … 小さじ1 (2.5g)
　ナツメグパウダー … あれば少々
　クローブパウダー … あれば少々

にんじん … 150g
ドライレーズン … 40g
くるみ（ローストしたもの）… 20g
ベーキングパウダー … 大さじ1 (12g)
チーズクリーム (P72) … 適量

■ 準備

○ **A**はボウルに入れて冷蔵庫で30分ほど冷やしておく。
○ にんじんは皮をむいてせん切りにし、分量を用意する。
○ くるみは粗くきざみ、ココナッツオイルは湯せんにかけて溶かす。
○ 型に型紙を敷き、オーブンは200℃に予熱する。

■ 作り方

**STEP 1** **A**を冷蔵庫から出し、泡立て器でよく混ぜる。ココナッツオイル、米油を少しずつ加えながら混ぜ、しっかり乳化させる。

**STEP 2** **B**を合わせてふるい入れ、なめらかになるまで泡立て器で混ぜる。

**STEP 3** にんじん、ドライレーズン、くるみを加えてゴムベラでざっと混ぜ、ベーキングパウダーをふるい入れ、手早く混ぜる。

**焼く** 型に流し入れ、200℃のオーブンで20分焼き、180℃に下げて40分焼く。竹串を刺し、どろっとした生地がついてこなければ焼き上がり！

**仕上げ** 型のまま冷まし、粗熱が取れたら型からはずす。好みでチーズクリームを適量塗る。

💧 ほかに合う **CREAM**

・豆乳クリーム (P60)
・ハニーヨーグルトクリーム (P72)

BANANA CAKE

# バナナケーキ

バナナの果肉がたっぷり入った、しっとりとしたケーキ。ココナッツオイルと米油を加えたら、しっかり乳化させるのが、おいしく作るポイント！

卵なし　乳なし

CREAM

豆乳クリーム
→ P60

■ 材料 （18cm×8cm×高さ6cmのパウンド型1台分）

**A** 無調整豆乳 … 100g
　　てんさい糖 … 50g
　　レモン汁 … 小さじ1（5g）
　　塩 … ひとつまみ
ココナッツオイル … 30g
米油 … 30g
バナナ（皮を除く）… 正味200g
チョコチップ … 30g
**B** 米粉 … 100g
　　アーモンドパウダー … 50g
ベーキングパウダー … 大さじ1（12g）
豆乳クリーム（P60）… 適量

※チョコチップは、乳製品が含まれていないものを使用しています。

■ 準備

○ **A**はボウルに入れて冷蔵庫で冷やしておく。
○ バナナはつぶし、ココナッツオイルは湯せんにかけて溶かす。
○ 型に型紙を敷き、オーブンは200℃に予熱する。

■ 作り方

**STEP 1**　**A**を冷蔵庫から出し、泡立て器でよく混ぜる。ココナッツオイル、米油を少しずつ加えながら混ぜ、しっかり乳化させる。

**STEP 2**　バナナ、チョコチップを加えてさらに混ぜる。

**STEP 3**　**B**を合わせてふるい入れ、なめらかになるまで泡立て器で混ぜる。ベーキングパウダーをふるい入れ、手早く混ぜる。

**焼く**　型に流し入れ、200℃のオーブンで20分焼き、180℃に下げて20分焼く。竹串を刺し、どろっとした生地がついてこなければ焼き上がり！

**仕上げ**　型のまま冷まし、粗熱が取れたら型からはずす。好みで豆乳クリームを適量塗る。

☁ ほかに合うCREAM

・チョコ豆乳クリーム（P61）
・ハニーヨーグルトクリーム（P72）
・チーズクリーム（P72）

卵なし | 乳なし

YAM & TOFU CHOCOLATE CAKE

# やまいもと豆腐の
# ガトーショコラ

つなぎに卵ではなく、やまいもを使用したチョコレートケーキ。
しっとり、もっちりした食感で、しっかりと濃厚な味わいです。

**CREAM**

豆腐クリーム
（プレーン）
→ P65

■ 材料 （直径15cmの底をはずせる丸型1台分）

A 製菓用チョコレート（スイート）… 200g
　米油 … 30g
てんさい糖 … 100g
やまいも（すりおろしたもの）… 100g
絹ごし豆腐 … 150g
無調整豆乳 … 50g
B 米粉 … 20g
　ココアパウダー … 20g
　ベーキングパウダー … 小さじ2（8g）
豆腐クリーム（プレーン、P65）… 適量

※チョコレート、ココアパウダーは、乳製品が含まれていないものを使用しています。

■ 準備

○ チョコレートはきざむ。
○ オーブンは180℃に予熱する。

■ 作り方

**STEP 1**
ボウルにAを入れて湯せんにかける。チョコレートが溶けたら湯せんからはずし、てんさい糖を加えて泡立て器で混ぜる。

**STEP 2**
やまいもを少しずつ加えてすり混ぜ、絹ごし豆腐、無調整豆乳を加えてなめらかになるまで混ぜる。

**STEP 3**
Bを合わせてふるい入れ、さらに混ぜる。

**焼く**
型に流し入れ、180℃のオーブンで30〜40分焼く。竹串を刺し、どろっとした生地がついてこなければ焼き上がり！

**仕上げ**
型のまま冷まし、できれば冷蔵庫でひと晩休ませて型からはずす。食べる時は常温に戻し、好みで豆腐クリーム適量を塗る。

☁ ほかに合う **CREAM**

・豆乳クリーム（P60）
・チョコ豆乳クリーム（P61）
・チョコ豆腐クリーム（P65）

リングドーナツ

➡ 作り方はP84

# さつまいもドーナツ

➡ 作り方はP85

ドーナツのみ 卵あり 乳なし

RING DONUT
# リングドーナツ

米粉と豆腐で作る、ヘルシーなドーナツ！
生地をやわらかめに仕上げ、絞って形を作ります。

**CREAM**

豆乳クリーム
→ P60

■ 材料 （8個分）

卵 … 1個
絹ごし豆腐 … 50g
てんさい糖 … 50g
塩 … ひとつまみ
A  米粉 … 120g
   アーモンドパウダー … 40g
   ベーキングパウダー … 大さじ1/2（6g）
揚げ油 … 適宜
豆乳クリーム（P60） … 適量

■ 準備

○ オーブンシートを9cm角に切り、8枚用意する。

■ 作り方

STEP 1　ボウルに卵を割り入れてほぐし、絹ごし豆腐、てんさい糖、塩を加えて泡立て器で混ぜる。

STEP 2　Aを合わせてふるい入れ、泡立て器でさらに混ぜる。かたければ水（分量外）を少しずつ足し、すくった時にもったりと落ちるくらいに調整する。

STEP 3　丸口金をセットした絞り袋に入れ、オーブンシートの上に直径7〜8cmのリング状に絞り、生地が重なる部分は軽く指で押さえてくっつける。これを全部で8個作る。

揚げる　170℃に温めた揚げ油にオーブンシートごと、静かに落とす。途中でオーブンシートが自然とはがれてきたら、オーブンシートだけ取り出す。ときどき上下を返しながら5分ほど揚げ、よく油をきる。

仕上げ　ドーナツの粗熱が取れたら、好みで豆乳クリーム適量を塗り、削った製菓用チョコレート（スイート、分量外）適量を飾る。

☁ ほかに合うCREAM

・ チョコ豆乳クリーム（P61）
・ ラズベリー豆乳クリーム（P61）
・ 抹茶豆乳クリーム（P61）
・ チーズクリーム（P72）

揚げる

SWEET POTATO DONUT

# さつまいもドーナツ

コロコロとしたまあるいドーナツ。
沖縄のおやつ"サーターアンダギー"風に仕上げます。

|卵なし|乳なし|

CREAM

さつまいもクリーム
→ P70

## ■ 材料 （10個分）

- さつまいも（皮を除く）… 正味100g
- てんさい糖 … 50g
- 塩 … ひとつまみ
- 無調整豆乳 … 100g
- A 米粉 … 100g
  - アーモンドパウダー … 30g
  - ベーキングパウダー … 大さじ1/2（6g）
- 揚げ油 … 適宜
- さつまいもクリーム（P70） … 適量

## ■ 作り方

**STEP 1** さつまいもはひと口大に切り、鍋にかぶるくらいの水（分量外）とともに入れてゆでる。竹串がすっと通るようになったらザルに上げ、裏ごしする。

**STEP 2** てんさい糖、塩を加えて混ぜ、さらに無調整豆乳を少しずつ加えて混ぜる。

**STEP 3** Aを合わせてふるい入れ、全体がしっとりするように均一に混ぜる。

**揚げる** 大きめのスプーン2本で丸く形を整えながら、170℃に温めた揚げ油に静かに落とす。時々転がしながら、5分ほど揚げ、よく油をきる。

**仕上げ** 好みでさつまいもクリーム適量を添え、付けながら食べる。

### ○ ほかに合うCREAM

- 豆腐クリーム（プレーン、P65）
- 黒ごま豆腐クリーム（P65）
- ハニーヨーグルトクリーム（P72）

揚げる

卵なし 乳なし

PINEAPPLE CARDAMOM MUFFIN
# パインカルダモンマフィン

卵を加えずに作る、もっちりとしたマフィン。
チャイにも使われる人気のスパイス"カルダモン"風味！

■ 材料 （直径7cmのマフィン型6個分）

**A** 無調整豆乳 … 100g
 カルダモンシロップ（下記）… 60g
 レモン汁 … 小さじ1（5g）
ココナッツオイル … 30g
米油 … 30g
**B** 米粉 … 90g
 大豆粉 … 40g
ベーキングパウダー … 大さじ1（12g）
パイナップル（缶詰、1cm角に切ったもの）… 50g

※カルダモンシロップ…カルダモン（ホール）3個は軽く叩き、殻にヒビが入ったらてんさい糖40g、水60gとともに小鍋に入れて弱火にかけ、沸騰したら火を止めてそのまま冷まし、茶こしでこして60gを準備する。

■ 準備

○ **A**はボウルに入れて冷蔵庫で30分ほど冷やしておく。
○ ココナッツオイルは湯せんにかけて溶かす。
○ 型にグラシンカップを敷き、オーブンは180℃に予熱する。

■ 作り方

**STEP 1**
**A**を冷蔵庫から出し、泡立て器でよく混ぜる。ココナッツオイル、米油を少しずつ加えながら混ぜ、しっかり乳化させる。

**STEP 2**
**B**を合わせてふるい入れ、なめらかになるまで泡立て器で混ぜる。

**STEP 3**
ベーキングパウダーをふるい入れ、泡立て器で手早く混ぜる。

焼く
型に生地の半量を等分して流し入れ、パイナップルの半量をのせる。残りの生地を流し入れ、残りのパイナップルをのせる。180℃のオーブンで20分焼き、160℃に下げてさらに10分焼く。竹串を刺し、どろっとした生地がついてこなければ焼き上がり！

卵なし｜乳なし

CREAM

豆腐クリーム（プレーン）→ P65

豆乳クリーム → P60

APPLE CRANBERRY MUFFIN
## アップルクランベリーマフィン
甘酸っぱさがおいしさのポイント！

BLUEBERRY MAPLE MUFFIN
## ブルーベリーメープルマフィン
好みのフルーツに代えてもOK！

■ 材料 （直径7cmのマフィン型6個分）

A [ りんごジュース100g　てんさい糖30g ]
ココナッツオイル、米油 … 各30g
B [ 米粉90g　大豆粉40g ]
ベーキングパウダー … 大さじ1(12g)
[ りんご1/4個　ドライクランベリー30g
てんさい糖20g　レモン汁小さじ1(5g) ]
豆腐クリーム（プレーン、P65） … 適量

■ 準備 & 作り方

りんごは皮付きのまま1cm角に切り、ドライクランベリー、てんさい糖20g、レモン汁を加えて600Wの電子レンジで2分加熱して粗熱を取っておく。パインカルダモンマフィン（前ページ）の準備、STEP1～3の要領で生地を作る。

■ 材料 （直径7cmのマフィン型6個分）

A [ 無調整豆乳100g　メープルシロップ60g
レモン汁小さじ(5g)　バニラオイル少々（あれば） ]
ココナッツオイル、米油 … 各30g
B [ 米粉90g　大豆粉40g ]
ベーキングパウダー … 大さじ1(12g)
ブルーベリー（冷凍） … 30個
豆乳クリーム（P60） … 適量

■ 準備 & 作り方

パインカルダモンマフィン（前ページ）の準備、STEP1～3の要領で生地を作る。

| 焼く | パインカルダモンマフィン（前ページ）の要領で、型に生地を流し、それぞれの具材をのせて焼く。 |
| 仕上げ | 粗熱が取れたマフィンの上に好みでそれぞれ豆腐クリーム、豆乳クリーム各適量を塗る（または丸口金で絞っても）。 |

| マフィンのみ |
| 卵あり　乳なし |

LEMON MUFFIN
# レモンマフィン

レモンの果汁とレモンピールを使ってレモンづくしに！
卵を加え、ややふんわりとしたマフィンに仕上げます。

■ 材料（直径7cmのマフィン型6個分）

卵 … 2個
てんさい糖 … 50g
米油 … 50g
**A** 米粉 … 100g
　アーモンドパウダー … 30g
　ベーキングパウダー … 小さじ1（4g）
レモン汁 … 大さじ1（15g）
レモンピール（砂糖漬け）… 30g
レモンアイシング（下記）… 適量

※レモンアイシング…てんさい糖50gにレモン汁大さじ1/2（7.5g）を少しずつ加えて混ぜる。

■ 準備

○ 型にグラシンカップを敷き、オーブンは180℃に予熱する。

■ 作り方

**STEP 1**　ボウルに卵を割り入れて泡立て器で溶きほぐし、てんさい糖を加えて混ぜる。とろりとしたら米油を加えてさらに混ぜる。

**STEP 2**　**A**を合わせてふるい入れ、なめらかになるまで混ぜる。

**STEP 3**　レモン汁、レモンピールを加えてゴムベラで混ぜる。

**焼く**　型に等分して流し入れ、180℃のオーブンで20分焼く。竹串を刺し、どろっとした生地がついてこなければ焼き上がり！

**仕上げ**　マフィンの粗熱が取れたら、レモンアイシングをかける。あればレモンの皮適量（分量外）をちらす。

マフィンのみ
卵あり　乳なし

CREAM

抹茶豆腐
クリーム
➡ P65

チョコ豆腐
クリーム
➡ P65

MATCHA BLACK BEANS MUFFIN
## 抹茶黒豆マフィン
好みで抹茶味のクリームをたっぷりのせて！

CHOCOLATE CHIP MUFFIN
## チョコチップマフィン
定番マフィンにクリームをプラスすると、リッチ！

■ 材料 （直径7cmのマフィン型6個分）

卵 … 2個

てんさい糖、米油 … 各50g

A［米粉95g　アーモンドパウダー30g
抹茶パウダー5g　ベーキングパウダー小さじ1(4g)］

黒豆煮(市販) … 30個

抹茶豆腐クリーム(P65) … 適量

■ 準備 & 作り方

レモンマフィン（前ページ）の準備、STEP1〜3の要領でマフィン生地を作る（黒豆煮はトッピング用に少量を残し、レモン汁、レモンピールの代わりに加える）。

■ 材料 （直径7cmのマフィン型6個分）

卵 … 2個

てんさい糖、米油 … 各50g

A［米粉100g　アーモンドパウダー30g
ベーキングパウダー小さじ1(4g)］

チョコチップ … 30g

チョコ豆腐クリーム(P65) … 適量

※チョコチップは、乳製品が含まれていないものを使用しています。

■ 準備 & 作り方

レモンマフィン（前ページ）の準備、STEP1〜3の要領でマフィン生地を作る（レモン汁、レモンピールの代わりにチョコチップを加える）。

| 焼く | レモンマフィン（前ページ）の要領で、型に生地を流して焼く（抹茶黒豆マフィンは、トッピング用の黒豆煮をのせる）。 |
|---|---|
| 仕上げ | 粗熱が取れたらマフィンの上に好みで抹茶豆腐クリーム、チョコ豆腐クリーム各適量を塗る。 |

ストロベリーと
ピスタチオの
フルーツバー

いちじくとくるみの
フルーツバー

卵なし | フルーツバーのみ 乳あり

FIG & WALNUT BAR

# いちじくとくるみの
# フルーツバー

ドライフルーツとナッツを加えたおやつバー。
時間のない朝の栄養補給にも！

**CREAM**

ココナッツフルーツクリーム
→ P68

■ 材料 （10cm×1.5cmのフルーツバー10本分）

**A** プレーンヨーグルト … 100g
　はちみつ … 30g
ココナッツオイル … 30g
ドライいちじく … 100g
くるみ（ローストしたもの）… 30g
**B** 米粉 … 20g
　大豆粉 … 50g
　ベーキングパウダー … 小さじ1(4g)
ココナッツフルーツクリーム (P68) … 適量

■ 準備

○ 天板にオーブンシートを敷く。
○ ココナッツオイルは湯せんにかけて溶かす。
○ ドライいちじく、くるみは粗くきざむ。

■ 作り方

**STEP 1** ボウルに**A**を入れて泡立て器でよく混ぜ、とろりとしたらココナッツオイルを加えてさらに混ぜる。

**STEP 2** ドライいちじく、くるみを加えてゴムベラで混ぜる。

**STEP 3** **B**を合わせてふるい入れ、全体になじむまでゴムベラで混ぜる。ラップで包み、12cm×17cmの大きさに成形し（約1cm厚さ）、冷蔵庫で30分ほど休ませる。オーブンは180℃に予熱し始める。

**焼く** ラップをはずして天板にのせ、180℃のオーブンでこんがり色づくまで20分焼く。

**仕上げ** 粗熱が取れたら10等分に切り、好みでココナッツフルーツクリームをつけて食べる。

STRAWBERRY & PISTACHIO BAR

# ストロベリーとピスタチオの
# フルーツバー

ドライフルーツとナッツの組み合わせは
好みでアレンジして楽しんで！

■ 材料と作り方

上記材料のドライいちじくをドライストロベリーに、くるみをピスタチオに置きかえる。作り方は同様。

☁ ほかに合う**CREAM**

・チョコ豆乳クリーム (P61)
・ラズベリー豆乳クリーム (P61)

SCONE

# スコーン

どうぞ温かいうちにクリームやジャムと一緒に召し上がれ！
作り置いたものは、トースターなどで軽く温めると
おいしさが復活しますよ。

卵なし ／ スコーン・クリーム 乳あり

CREAM & JAM

チーズ
クリーム
➡ P72

ブルーベリー
ジャム
➡ P73

■ 材料 （直径8cmのスコーン4個分）

**A** プレーンヨーグルト … 60g
　はちみつ … 20g
米油 … 30g
**B** 米粉 … 90g
　アーモンドパウダー … 30g
　塩 … ひとつまみ
ベーキングパウダー … 大さじ1/2（6g）
チーズクリーム（P72）… 適量
ブルーベリージャム（P73）… 適量

■ 準備

○ **A**は大きいボウルに入れて冷蔵庫で30分ほど冷やしておく。
○ 天板にオーブンシートを敷き、オーブンは200℃に予熱する。

■ 作り方

**STEP 1**　**A**を冷蔵庫から出して泡立て器でよく混ぜ、とろりとしたら米油を加えてさらに混ぜる。

**STEP 2**　**B**を合わせてふるい入れ、全体がなじむまでゴムベラで混ぜる。

**STEP 3**　ベーキングパウダーをふるい入れて手早く混ぜ、4等分にしてスプーンで軽く形を整えながら天板にのせる。

**焼く**　200℃のオーブンで10分、180℃に下げて5分焼く。

**仕上げ**　器にスコーンを盛り、好みでチーズクリーム、ブルーベリージャム各適量を添えて食べる。

☁ ほかに合う**CREAM**
・豆乳クリーム（P60）
・ハニーヨーグルトクリーム（P72）

# シナモンシュガークレープ

➡ 作り方はP96

# アップルクランブル

→ 作り方は P97

| クレープのみ | |
|---|---|
| 卵あり | 乳なし |

CINNAMON SUGAR CREPE

# シナモンシュガークレープ

ヨーロッパでは、焼いたクレープにシナモンや砂糖をかけて食べるのが人気。
ここでは手作りのキャラメルソースをかけていただきます。

SAUCE

キャラメルソース
→ P73

■ 材料 （直径22cmのクレープ6枚分）

A　米粉 … 50g
　　てんさい糖 … 20g
　　塩 … ひとつまみ
卵 … 1個
無調整豆乳 … 150g
てんさい糖 … 30g
シナモンパウダー … 好みで適量
キャラメルソース（P73） … 適量

■ 作り方

STEP 1　ボウルにAを入れて泡立て器でよく混ぜ、卵を割り入れて混ぜる。

STEP 2　無調整豆乳を少しずつ加え、なめらかになるまで混ぜる。

STEP 3　ラップをして30分から半日ほど冷蔵庫で休ませる。

焼く　直径22cmのフライパンに油（分量外）をペーパータオルで薄く塗り広げ、中火で熱し、ぬれ布巾にあてて冷ます（下写真）。生地を流し入れ、中火で焼く。表面が乾き、ふちが浮いてきたら裏返して10秒ほど焼く。焼き色のきれいな面を下にして、てんさい糖（1枚につき約5g）、好みでシナモンをふり、2〜3回折る。同じ要領で計6枚焼く。

仕上げ　好みでキャラメルソース適量をかけ、粗くきざんだアーモンド（ローストしたもの、分量外）をちらす。

◯ ほかに合う CREAM

・米粉カスタードクリーム（P62）
・豆腐クリーム（プレーン、P65）
・チーズクリーム（P72）

焼く

卵なし | 乳なし

APPLE CRUMBLE

# アップルクランブル

こちらもイギリスの家庭で人気のおやつ。甘酸っぱいシャキシャキした
りんごとクランブルのサクサクした食感をいっしょに楽しめます。

## ■ 材料 （21cm×16cm×3cmのバット1台分）

りんご … 2個

てんさい糖 … 40g

シナモンパウダー … 小さじ1（2g）

A アーモンドパウダー … 50g

　おからパウダー … 20g

　てんさい糖 … 40g

　塩 … ひとつまみ

ココナッツオイル … 60g

## ■ 準備

○ ココナッツオイルは湯せんで溶かす。

○ オーブンは200℃に予熱する。

## ■ 作り方

**STEP 1**
りんごは皮をむいて芯をのぞき、2cm角に切る。てんさい糖をふって水気が出てくるまで10分ほどおく。

**STEP 2**
熱したフライパンに1を汁ごと入れ、やわらかくなるまで炒める。シナモンパウダーを加えてからめ、バットなどの耐熱容器に入れる。

**STEP 3**
ボウルにAを合わせてふるい入れ、ココナッツオイルを加えて両手をこすり合わせながらそぼろ状にし、2にのせる。

焼く 200℃のオーブンで20分ほど焼く。

仕上げ 器に盛る。

TOFU CHEESE CAKE

# 豆腐チーズケーキ

同量のクリームチーズと絹ごし豆腐で作るベイクドチーズケーキ。
好みで豆乳クリームをのせれば、さらに濃厚なスイーツに！

チーズケーキのみ
卵あり　乳あり

CREAM

豆乳クリーム
➡ P60

■ 材料 （直径15cmの底をはずせる丸型1台分）

クリームチーズ … 200g
てんさい糖 … 70g
絹ごし豆腐 … 200g
卵 … 2個
レモン汁 … 大さじ1 (15g)
米粉 … 20g
豆乳クリーム (P60) … 適量

■ 準備

○ クリームチーズは室温に戻しておく。
○ オーブンは160℃に予熱する。

■ 作り方

STEP 1　ボウルにクリームチーズを入れてやわらかくなるまで練り、てんさい糖を加えて混ぜる。

STEP 2　絹ごし豆腐を加えて泡立て器で混ぜ、さらに卵を1個ずつ割り入れてすり混ぜる。

STEP 3　レモン汁、米粉を加えて混ぜる。

焼く　こし器でこしながら型に流し入れ、160℃のオーブンで50〜60分焼く。

仕上げ　冷蔵庫でひと晩休ませ、型からはずす。好みで豆乳クリーム適量を塗る。

☁ ほかに合う **CREAM**

・豆腐クリーム（プレーン、P65）
・ハニーヨーグルトクリーム（P72）

卵あり　乳なし

CHOCOLATE TERRINE

# テリーヌショコラ

溶かして、よく混ぜて、湯せん焼きするだけ！
驚くほど簡単に作れるデザートです。

## ■ 材料 （18cm × 8cm × 高さ6cmのパウンド型1台分）

**A** 製菓用チョコレート（スイート）… 150g
　米油 … 80g

てんさい糖 … 80g

溶き卵 … 3個分

米粉 … 5g

※チョコレートは、乳製品が含まれていないものを
使用しています。

## ■ 準備

○ チョコレートはきざむ。

○ 型に型紙を敷き、オーブンは140℃
　に予熱する。

## ■ 作り方

**STEP 1**
ボウルに**A**を入れ、湯せんにかけ
て溶かす（チョコレートが溶けたら
湯せんからはずす）。

**STEP 2**
てんさい糖を加え、泡立て器で混
ぜる。

**STEP 3**
溶き卵を少しずつ加えてすり混ぜ、
米粉を加えてさらに混ぜる。

焼く
型に流し入れて天板にのせ、型の
高さ1/3くらいまで湯を張る（湯せ
ん焼き）。140℃のオーブンで60
分焼く。

仕上げ
冷蔵庫でひと晩休ませ、型からは
ずす。食べやすい大きさに切る。

卵あり　乳なし

ORANGE BISCOTTI

# オレンジビスコッティ

サクッと手軽に食べられるビスコッティは、二度焼きがポイント。
仕上げのチョコレートはかけてもかけなくても、おいしいですよ！

## ■ 材料　(10cm×1cmのビスコッティ14〜15本分)

卵 … 1個

**A** 米粉 … 120g

　　アーモンドパウダー … 30g

　　ベーキングパウダー … 小さじ1/2 (2g)

　　てんさい糖 … 50g

　　塩 … ひとつまみ

米油 … 大さじ2 (24g)

オレンジピール (砂糖漬け) … 40g

製菓用チョコレート (スイート) … 適量

※チョコレートは、乳製品が含まれていないものを
使用しています。

## ■ 準備

○ 天板にオーブンシートを敷き、オーブ
　ンは170℃に予熱する。

○ チョコレートはきざむ。

## ■ 作り方

**STEP 1**　ボウルに卵を割り入れてほぐし、**A** を合わせてふるい入れ、ゴムベラで混ぜる。

**STEP 2**　米油、オレンジピールを加えて手で混ぜる。

**STEP 3**　オーブンシートの上にのせ、10cm×20cm (約1cm厚さ) に成形する。

**焼く**　170℃のオーブンで30分焼く。完全に冷める前に1cm幅に切り、断面を上にして並べ直し、130℃に下げたオーブンでさらに30分焼く。

**仕上げ**　ボウルにチョコレートを入れ、湯せんにかけて溶かし、焼き上がったビスコッティをくぐらせる。

卵なし 乳なし

COCONUT GRANOLA

# ココナッツグラノーラ

昔ながらの駄菓子"ポン菓子"を加え、軽い仕上がりに。
乳製品がOKな人は、バニラアイスやヨーグルト、牛乳などといっしょに食べても。

## ■ 材料 （作りやすい分量）

ポン菓子 … 40g

好みのナッツ（ローストしたもの）… 100g

ココナッツロング … 50g

塩 … 小さじ1/4（1g）

はちみつ … 50g

ココナッツオイル … 30g

ドライフルーツ（レーズン、クランベリーなど）
　　　 … 30g

## ■ 準備

○ ココナッツオイルは湯せんにかけて
溶かす。

○ ナッツとドライフルーツは大きけれ
ば粗くきざむ。

○ 天板にオーブンシートを敷き、オーブ
ンは160℃に予熱する。

## ■ 作り方

**STEP 1**　ポン菓子とナッツ、ココナッツロング、塩をボウルに入れて、全体を混ぜる。

**STEP 2**　はちみつを加えてよく混ぜる。

**STEP 3**　ココナッツオイルを加え、さらによくからむように混ぜる。

**焼く**　天板に広げ、160℃のオーブンで約20分焼く。途中で1〜2回全体をざっくり混ぜる。

**仕上げ**　粗熱が取れたらドライフルーツを加えて混ぜる。器に盛り、好みでバニラアイス適量（分量外）を添える。保存する時は、保存容器に移す（密閉容器に入れて常温1週間）。

メープルクッキー

みそクッキー

# 小麦粉も卵も使わない
## 7つのクッキー

➡ 作り方はP108、P109

GLTEN & EGGS FREE COOKIES

# 小麦粉も卵も使わない7つのクッキー

卵も小麦粉も不使用。
でも、ふだん食べているクッキーと
ほとんど変わらない味や食感に仕上げました。

> 保存期間：常温で2週間
> ※密閉容器に乾燥剤とともに入れると、よりおいしさが保てます。

■ 準備
○ オーブンは180℃に予熱する。
○ 天板にオーブンシートを敷く。
○ ココナッツオイルを使う場合は、湯せんで溶かしておく。

## メープルクッキー

■ 材料 （30枚分）

A [ 米粉40g　アーモンドパウダー40g　ベーキングパウダー小さじ1/4(1g)　塩ひとつまみ ]
メープルシロップ … 50g
米油 … 30g
無調整豆乳 … 5g

■ 作り方

STEP1　ボウルにAを入れてゴムベラでぐるぐる混ぜる。

STEP2　メープルシロップ、米油、無調整豆乳を加える。

STEP3　なめらかになるまで混ぜる。

焼く　星口金をセットした絞り袋に入れ、天板に3cmほどの大きさのローズの形に絞る。180℃のオーブンで15分ほど焼く。

## みそクッキー

■ 材料 （24枚分）

A [ 米粉40g　アーモンドパウダー40g　コーンスターチ30g　てんさい糖20g ]
米油 … 30g
合わせみそ … 15g
無調整豆乳 … 20g

■ 作り方

STEP1　ボウルにAを入れて手でぐるぐる混ぜ、米油を加えて両手でこすり合わせるようにしながら混ぜ、そぼろ状にする。

STEP2　合わせみそ、無調整豆乳を順に加え、手で全体がしっとりとなじむまで混ぜ、両手でぎゅっとボール状に丸める。

STEP3　2枚のラップで2をはさみ、めん棒で16cm×20cm（厚さ約5mm）にのばす。

焼く　ラップをはずしてクッキー型で抜く（今回は3.5cmの菊型を使用）。天板に並べ、フォークなどで穴を開ける。180℃のオーブンで15分ほど焼く。

## ココアアーモンドクッキー

■ 材料 （20枚分）

A [ 米粉40g　アーモンドパウダー40g　コーンスターチ20g　ココアパウダー(乳製品不使用)5g　てんさい糖30g　塩ひとつまみ ]
米油 … 40g
無調整豆乳 … 20g
アーモンドスライス（ローストしたもの） … 15g

■ 作り方

STEP1　ボウルにAを入れて手でぐるぐる混ぜ、米油を加えて両手でこすり合わせるようにしながら混ぜ、そぼろ状にする。

STEP2　無調整豆乳、アーモンドスライスを加え、手で全体がしっとりとなじむまで混ぜ、両手でぎゅっとボール状に丸める。

STEP3　棒状（長さ16cm、直径約3.5cm）にのばし、ラップに包んで冷蔵庫で30分ほど休ませる。

焼く　ラップをはずし、7〜8mm厚さに切って天板に並べ、180℃のオーブンで15分ほど焼く。

卵なし | 乳なし

## 黒糖ジンジャークッキー

■ 材料 （24枚分）

A [ 米粉60g　アーモンドパウダー30g　コーンスターチ20g　黒糖(粉末)30g　塩ひとつまみ ]
しょうが（すりおろし）… 大さじ1（15g）
米油 … 40g
無調整豆乳 … 10g

■ 作り方

STEP1　ボウルにAを入れて手でぐるぐる混ぜる。
STEP2　しょうが、米油を加えて両手でこすり合わせるようにしながら混ぜ、そぼろ状にする。
STEP3　無調整豆乳を加え、手で全体がしっとりとなじむまで混ぜる。
焼く　24等分にして丸め、両手で平らにつぶして天板に並べる。180℃のオーブンで15分ほど焼く。

## ハーブクッキー

■ 材料 （20枚分）

A [ 米粉40g　アーモンドパウダー40g　コーンスターチ30g　てんさい糖30g　塩ひとつまみ　ドライハーブ（好みのもの、今回はハーブミックス）… 小さじ1/2（2g） ]
米油 … 40g
無調整豆乳 … 20g

■ 作り方

STEP1　ボウルにAを入れて手でぐるぐる混ぜる。米油を加えて両手でこすり合わせるようにしながら混ぜ、そぼろ状にする。
STEP2　無調整豆乳を加え、全体がしっとりとなじむまで手で混ぜ、両手でぎゅっとボール状に丸める。
STEP3　2枚のラップで生地をはさみ、めん棒で16cm×20cm（約5mm厚さ）にのばす。
焼く　ラップをはずし、4cm四方に切って天板に並べ、180℃のオーブンで15分ほど焼く。

## 黒ごまクッキー

■ 材料 （20枚分）

A [ 米粉40g　アーモンドパウダー40g　コーンスターチ20g　黒すりごま10g　てんさい糖30g　塩ひとつまみ ]
米油 … 40g
無調整豆乳 … 20g

■ 作り方

STEP1　ボウルにAを入れて手でぐるぐる混ぜる。
STEP2　米油を加えて両手でこすり合わせるようにしながら混ぜ、そぼろ状にする。
STEP3　無調整豆乳を加え、手で全体がしっとりとなじむまで混ぜ、両手でぎゅっとボール状に丸める。棒状（長さ16cm、直径約3.5cm）にのばし、ラップに包んで冷蔵庫で30分ほど休ませる。
焼く　ラップをはずし、7〜8mm厚さに切って天板に並べ、180℃のオーブンで15分ほど焼く。

## きなこスノーボールクッキー

■ 材料 （20個分）

A [ 米粉50g　きなこ30g　アーモンドパウダー30g　てんさい糖30g　塩ひとつまみ ]
ココナッツオイル … 50g
B [ てんさい糖10g　コーンスターチ3g ]

■ 作り方

STEP1　ボウルにAを入れて手でぐるぐる混ぜる。
STEP2　ココナッツオイルを加えて両手でこすり合わせるようにしながら混ぜ、そぼろ状にする。
STEP3　全体がしっとりとなじむまで手で混ぜる。
焼く　20等分にして、丸めて天板に並べ、180℃のオーブンで15分ほど焼く。
仕上げ　粗熱が取れたらポリ袋にBを合わせ、クッキーを入れてまぶす。

# INDEX (五十音順)

## 卵なし｜乳なし

| | |
|---|---|
| アップルクランブル | 95 |
| アップルクランベリーマフィン | 87 |
| いちごのショートケーキ | 24 |
| オープンケーキ | 28 |
| きなこスノーボールクッキー | 107 |
| 黒ごまクッキー | 107 |
| 黒糖ジンジャークッキー | 107 |
| ココアアーモンドクッキー | 107 |
| ココナッツグラノーラ | 104 |
| さつまいもドーナッツ | 83 |
| 豆腐ティラミス | 26 |
| パインカルダモンマフィン | 86 |
| バナナケーキ | 78 |
| ハーブクッキー | 107 |
| フルーツタルトレット | 52 |
| ブルーベリーのカップケーキ | 30 |
| ブルーベリーメープルマフィン | 87 |
| みそクッキー | 106 |
| メープルクッキー | 106 |
| やまいもと豆腐のガトーショコラ | 80 |

## 卵あり｜乳なし

| | |
|---|---|
| オレンジビスコッティ | 102 |
| コーヒーシフォン | 36 |
| シナモンシュガークレープ | 94 |
| シュークリーム | 44 |
| たっぷりクリームのロールケーキ | 34 |
| チョコチップマフィン | 89 |
| チョコパブロバ いちじくチョコソース | 58 |
| テリーヌショコラ | 100 |
| 抹茶黒豆マフィン | 89 |
| 抹茶のカップケーキ | 40 |
| マンゴーココナッツショートケーキ | 38 |
| ラズベリーのカップケーキ | 40 |
| ラズベリータルト | 50 |
| リングドーナツ | 82 |
| レモンマフィン | 88 |

## 卵なし｜乳あり

| | |
|---|---|
| いちじくとくるみのフルーツバー | 90 |
| キャロットケーキ | 76 |
| スコーン | 92 |
| ストロベリーとピスタチオのフルーツバー | 90 |

## 卵あり｜乳あり

| | |
|---|---|
| 豆腐チーズケーキ | 98 |
| パブロバ ミックスベリージャム | 56 |
| フルーツパリブレスト | 46 |

# BASE & CREAM

| 卵なし 乳なし |
|---|

キャラメルソース …………………… 73
黒ごま豆腐クリーム ……………… 65
ココナッツオイルクリーム ………… 68
ココナッツドライフルーツクリーム ‥ 69
ココナッツフルーツクリーム ……… 68
コーヒー豆腐クリーム ……………… 65
さつまいもクリーム ………………… 70
卵なしアーモンドクリーム ………… 66
★ タルト & タルトレット …………… 48
チーズ風豆乳クリーム ……………… 73
チョコ豆乳クリーム ……………… 61
チョコ豆腐クリーム ……………… 65
豆乳クリーム ……………………… 60
豆腐アーモンドクリーム …………… 67
豆腐クリーム（プレーン）………… 65
ブルーベリージャム ……………… 73
抹茶豆乳クリーム ………………… 61
抹茶豆腐クリーム ………………… 65
ミックスベリージャム …………… 73
紫いもクリーム …………………… 70
メープルパンプキンクリーム ……… 71
★ もっちりスポンジケーキ ………… 22
ラズベリー豆乳クリーム …………… 61
ラズベリー豆腐クリーム …………… 64

| 卵あり 乳なし |
|---|

米粉カスタードクリーム …………… 62
米粉カスタード豆乳クリーム ……… 63
★ シュー & パリブレスト ………… 42
卵ありアーモンドクリーム ………… 66
★ パブロバ ………………………… 54
★ ふんわりスポンジケーキ ………… 32

| 卵なし 乳あり |
|---|

チーズクリーム …………………… 72
ハニーヨーグルトクリーム ………… 72

★はBASEとなる基本の生地のレシピです。

著者

**森崎繭香**（もりさきまゆか）

フードコーディネーター、お菓子・料理研究家。料理教室講師、パティシエを経て、フレンチ、イタリアンの厨房で経験を積み、独立。書籍やWEBへのレシピ提供、テレビ、ラジオ出演など幅広く活動中。身近な材料を使った家庭でも作りやすいレシピを心がけている。著書に『型がなくても作れるデコレーションケーキ』（グラフィック社刊）『あんこのおやつ』『カスタードのおやつ』（ともに誠文堂新光社刊）『たくさん作っておかずやメインに変身 いつものスープでアレンジレシピ60』『いちばんやさしい！ いちばんおいしい！ セイボリータルト』『ひっくり返すだけ！ アップサイドダウンケーキ』（すべて小社刊）ほか多数。

## STAFF

| | |
|---|---|
| 撮影 | 鈴木信吾 |
| デザイン | 髙橋朱里、菅谷真理子（マルサンカク） |
| スタイリング | 宮嵜夕霞 |
| 調理アシスタント | 福田みなみ、宮川久美子 |
| 校正 | 濱谷淑美 |
| 編集・構成 | 長嶺李砂 |
| 進行 | 岡田好美、宮崎友美子 |

［撮影協力］
UTUWA　TEL 03-6447-0070
Conasu antiques　http://conasu.tokyo/

---

小麦粉なしでつくる
**たっぷりクリームの魅惑のおやつ**

2017年9月20日　初版第1刷発行

| | |
|---|---|
| 著　者 | 森崎繭香 |
| 編集人 | 井上祐彦 |
| 発行人 | 穂谷竹俊 |
| 発行所 | 株式会社日東書院本社 |
| | 〒160-0022　東京都新宿区新宿 2-15-14　辰巳ビル |
| | TEL　03-5360-7522（代表） |
| | FAX　03-5360-8951（販売部） |
| | URL　http://www.TG-NET.co.jp/ |
| 印刷所 | 三共グラフィック株式会社 |
| 製本所 | 株式会社宮本製本所 |

定価はカバーに記載しております。
本書掲載の写真、記事等の無断転載を禁じます。
乱丁・落丁はお取り替え致します。小社販売部までご連絡ください。
©Mayuka Morisaki 2017
Printed in Japan
ISBN 978-4-528-02173-0 C2077

※読者のみなさまへ
本書の内容に関するお問い合わせは、
手紙かメール（info@TG-NET.co.jp）にて承ります。
恐縮ですが、お電話でのお問い合わせは
ご遠慮くださいますようお願いいたします。
本誌の掲載作品について、営利目的（オークション販売、スクール運営、キット販売など）
で複製することはご遠慮ください。